国語科教育の基礎・基本

教え方・学び方 ポイントシート

②「話すこと・聞くこと」「書くこと」編

井上一郎 編著

明治図書

まえがき

　平成29年3月31日に改訂された学習指導要領は，中央教育審議会『幼稚園，小学校，中学校，高等学校及び特別支援学校の学習指導要領等の改善及び必要な方策等について（答申）』（平成28年12月21日）に基づいて改訂されたものです。国語科の授業改善に至る経緯を示すと，次のようになります。

　〔中教審答申→学習指導要領改訂→国語科改訂→国語科教科書の改善→国語科の授業改善〕

　今は，改訂方針に基づく教科書が配布され，新国語科の授業が始まっています。ただし，教育現場では，学習指導要領の趣旨や改訂内容の理解が進んでいません。そこで，国語教育学者として約35年間勤務した経験と知見を生かし，教師の教え方と子どもの学び方についてまとめることにしました。その約35年間には，大学を離れ，文部科学省教科調査官として平成20年版国語科の改訂及び『小学校学習指導要領解説国語編』を執筆をした時期も含みます。

　教育現場と授業が変わるためには，次のような資料の理解が不可欠となります。

　①中央教育審議会答申→②学習指導要領の総則→③国語科学習指導要領本文→④国語科解説書→⑤教科書編集の趣旨と体系・系統→⑥担当学年の１年間の指導計画→⑦評価

　このようなことを各教科等に適用する教師は，大変でしょう。そこで，学習指導要領に込められた国語科の基礎・基本を解説するとともに，どのように教材及びポイントシートとして示せばよいのかを考えて本書を構成しました。

　「読むこと」編（第1巻），「話すこと・聞くこと」「書くこと」編（第2巻）として，内容については，若い教師が多くなったこと，長年勤務してきた教師が新しい学力観を follow することが難しくなっていることを考慮して編集しました。小学校教師は，以前のように教科教育を研究対象として優れた実践を追究する環境にはいないと推察しています。そこで，序章において，第１巻で学習指導要領の改訂から授業改善を図る方法，第２巻で学習評価の方法について具体的に解説しておきます。各ステージでは，指導事項について，左頁で基礎・基本となる内容を解説し，右頁に児童に示すべき内容をポイントシートとしてまとめました。

　［左頁］ポイントシートのねらい・解説・活用法

　［右頁］教材として使用できるポイントシート

　なお，「ステージ」とする能力段階の示し方は，イギリスの「ステージ」による考え方などを参考にしています。国語科教育の基礎・基本となる指導事項を理解するとともに，子どもの成長や能力の発達段階を踏まえた個別の指導が出来るようにという願いを込めています。

　本書は，「全国国語教育カンファランス」会員とともに，改訂後４年間の長きにわたる研究によって完成しました。研究会員，編集者の方々に，改めて謝意を表します。多くの方が自信をもって授業に取り組めるよう本書をご活用くださることを強く願っています。

　2020年11月

　　　　　　　　　　　　　　　　　　　　　　　　　　　　　　　　　井上一郎

Contents

第3ステージ

第2章

「書くこと」の教え方・学び方ポイントシート

第1ステージ

第2ステージ

第3ステージ

序章　学習指導要領に基づく国語科評価の考え方を知り，授業に生かす

井上一郎

　評価については，授業後にどの程度定着したかを見るという考え方が強いように思います。しかし，年間指導計画から単元構想へ，そして単位時間の授業へと具体化する過程でいつも問われているのが指導目標であり，評価なのです。授業後はもちろん，構想する時にも評価の考え方が確かで配慮されたものでないといけません。特に，国語科は，螺旋状に同じような指導内容を積み重ねるように指導します。前の単元を受けて次の単元構想に生かす，という継続した過程から真の学力定着が望めるのです。単元及び単位時間の中で，教師は何を教えるのか，児童は何を学ぶのかを明確にしながら授業を積み重ねていく必要があり，そのためには授業前においても重視する必要があるのです。評価規準の書き方を理解することで形式的に判断していると，個々の児童の評価を見誤ったり，判断がいい加減なものになったりすることにもなりかねません。

　評価規準は，各教科等共通で行う重要なものであり，児童一人一人の成績の基になりますので，国が学習指導要領改訂のたびに考え方と具体的な参考資料を作成して目安を示します。新しい国語科の学習評価について考えるために，第1節で国による検討の経緯を見ておき，第2節で国語科独自の学習評価を取り上げることにします。

1．国による新しい学習評価の考え方を知り，授業改善に生かす

1　新しい学習評価の経緯

　新しい学習指導要領に基づく学習評価は，国によって次のように報告されてきました。

◆中央教育審議会『幼稚園，小学校，中学校，高等学校及び特別支援学校の学習指導要領等の改善及び必要な方策等について（答申）』（平成28年12月21日）（以下「中教審答申」という）

◆中央教育審議会初等中等教育分科会教育課程部会「児童生徒の学習評価の在り方について（報告）」（平成31年1月21日）（以下「報告」という）

◆文部科学省小学校，中学校，高等学校及び特別支援学校等における児童生徒の学習評価及び指導要録の改善等について（通知）」（平成31年3月29日）（以下「通知」という）

◆文部科学省・国立教育政策研究所「「指導と評価の一体化」のための学習評価に関する参考資料　小学校国語」（令和2年3月）（以下「参考資料」という）

　「参考資料」の作成が，学習指導要領全面実施の直前である2020年3月になる前に，文部科学省の立場から教師向けに『学習評価の在り方ハンドブック　小・中学校編』（文部科学省国立教育政策研究所教育課程研究センター）（平成31年6月）が提供されています。このハンドブックは，現場の視点に立って解説されていてダウンロードしておくと便利です。例えば，次のような質問に答えています。

　Q1　1回の授業で，3つの観点を全て評価しなければならないのですか。

　　A　（略）観点別学習状況の評価の記録に用いる評価については，毎回の授業ではなく原則として単元や題材などの内容のまとまりごとに，それぞれの実現状況を把握できる段階で行うなど，その

場面を精選することが重要です。

Q2 「十分満足できる」状況(A)はどのように判断したらよいのですか。

A （略）「十分満足できる」状況(A)と判断できる児童生徒の姿は多様に想定されるので，学年会や教科部会等で情報を共有することが大切です。

Q1は，学習評価は単元ごとのまとまりで行い，次の単元へと継続的，形成的に評価することの重要性を指摘したものです。Q2は，「A評価」「C評価」と事前に設定し，はめ込もうとするのはよくないことへの助言でもあります。「単元の評価規準」は，「満足できる」状況(B)として設定されており，それらを規準に評価A・評価Cを判断すべきであることが分かります。

2 「中教審答申」と学習指導要領改訂における評価の考え方

「学校教育法や学習指導要領の趣旨を踏まえた，評価の観点に関する考え方」の枠組みは，「中教審答申」で最初に示されました。「学習評価の充実」は，「何が出来るようになるか」，「何が身に付いたか」を大事にすべきであるということを示唆しました。

① 教育課程や学習・指導方法の改善と一体的に行う。

② 「カリキュラム・マネジメント」の中で，学校教育全体のサイクルに位置付けていく。

③ 目標に準拠した評価の実質化として，小・中・高等学校の各教科を通じて，「知識・技能」「思考・判断・表現」「主体的に学習に取り組む態度」の3観点に整理する。

「学習指導要領」総則においては，今改訂の中でも重視する「主体的・対話的で深い学びの実現に向けた授業」の改善点の中で「2　学習評価の充実」について述べています。

⑴ 児童のよい点や進歩の状況などを積極的に評価し，学習したことの意義や価値を実感できるようにすること。また，各教科等の目標の実現に向けた学習状況を把握する観点から，単元や題材など内容や時間のまとまりを見通しながら評価の場面や方法を工夫して，学習の過程や成果を評価し，指導の改善や学習意欲の向上を図り，資質・能力の育成に生かすようにすること。

⑵ 創意工夫の中で学習評価の妥当性や信頼性が高められるよう，組織的かつ計画的な取組を推進するとともに，学年や学校段階を越えて児童の学習の成果が円滑に接続されるように工夫すること。

⑴からは，児童のよい点をみること，過程や成果の進歩の状況を追究する形成的評価や目標準拠評価を重視していることが分かります。⑵からは，多様な学習材から児童の国語力を評価対象として的確に捉えること，学年間・学校間の円滑な評価の接続を求めていることが分かります。

3 「報告」における評価の考え方と観点

「報告」では，「はじめに」において，「学習評価について指摘されている課題」を示しており，今後の授業改善に留意すべき事柄となっています。

○ 学校や教師の状況によっては，学期末や学年末などの事後での評価に終始してしまうことが多く，評価の結果が児童生徒の具体的な学習改善につながっていない。

○ 「関心・意欲・態度」の観点について，挙手の回数や毎時間ノートを取っているかなど，性格や行

今回の学習評価では，課題を克服するために次のようなことに配慮するとしています。

○　観点別学習状況の評価については，「知識・技能」「思考・判断・表現」「主体的に学習に取り組む態度」の観点別学習状況を評価し，評価の結果が児童生徒の学習や教師による指導の改善に生きるものとする。
○　評価の段階及び表示の方法については，現行と同様に３段階（ＡＢＣ）とする。

評価の各観点の趣旨と方法は，次のようです。

(1)　「知識・技能」の評価
○　各教科等における学習の過程を通した知識及び技能の習得状況について評価を行うとともに，それらを既有の知識及び技能と関連付けたり活用したりする中で，他の学習や生活の場面でも活用できる程度に概念等を理解したり，技能を習得したりしているかについて評価するものである。
○　具体的な評価方法としては，ペーパーテストにおいて，事実的な知識の習得を問う問題と，知識の概念的な理解を問う問題とのバランスに配慮するなどの工夫改善を図るとともに，例えば，児童生徒が文章による説明をしたり，各教科等の内容の特質に応じて，観察・実験をしたり，式やグラフで表現したりするなど実際に知識や技能を用いる場面を設けるなど，多様な方法を適切に取り入れていくことが考えられる。

(2)　「思考・判断・表現」の評価
○　各教科等の知識及び技能を活用して課題を解決する等のために必要な思考力，判断力，表現力等を身に付けているかどうかを評価するものである。
○　具体的な評価方法としては，ペーパーテストのみならず，論述やレポートの作成，発表，グループでの話合い，作品の制作や表現等の多様な活動を取り入れたり，それらを集めたポートフォリオを活用したりするなど評価方法を工夫することが考えられる。

(3)　「主体的に学習に取り組む態度」の評価
○　単に継続的な行動や積極的な発言等を行うなど，性格や行動面の傾向を評価するということではなく，知識及び技能を獲得したり，思考力，判断力，表現力等を身に付けたりするために，自らの学習状況を把握し，学習の進め方について試行錯誤するなど自らの学習を調整しながら，学ぼうとしているかどうかという意思的な側面を評価することが重要である。
○　知識及び技能を獲得したり，思考力，判断力，表現力等を身に付けたりすることに向けた粘り強い取組を行おうとする側面と，粘り強い取組を行う中で，自らの学習を調整しようとする側面，という二つの側面を評価することが求められる。

4　「通知」における評価の考え方と観点

これらを受けて，「通知」では，次のような考え方の枠組みを示しました。

【1】　児童生徒の学習改善につながるものにしていくこと
【2】　教師の指導改善につながるものにしていくこと

> 【3】　これまで慣行として行われてきたことでも，必要性・妥当性が認められないものは見直していくこと

5　「参考資料」における各教科の評価の趣旨と方法

「参考資料」は，これらの考え方と内容に則して各教科等での評価の目安を示しました。

第1編　総説　改訂の経緯と各教科共通の考え方

第2編　「内容のまとまりごとの評価規準」を作成する際の手順　各教科の評価手順

第3編　単元ごとの学習評価について（事例）　具体的な学習指導案による事例

6　国語科の授業と学習評価の改善を図るための留意点

評価の観点は，各教科ともに3観点に改訂されました。従来，国語科は，5観点で評価をしてきましたので大きな影響を受けることになります。そこで，国語科の授業と学習評価の改善はどのようなことに留意すればよいのか，国の検討を基にまとめておきます。

⑴　個人及び個性を尊重した評価を行う

言語活動は，一連の活動の中で個々人が思考・判断・表現を確実に行うべきであるという特質をもっています。学習活動の中に言語活動を取り入れても，知識及び技能の理解にとどまり，「考えさせるが，判断や表現を重視したり評価したりしない」のでは改善はおぼつきません。したがって，個人及びそこに表れる個性を尊重して評価する必要があります。

⑵　学習活動から評価の観点を見極める

国語科の言語活動には，多様な学習活動が包含されています。文章やデータを読解することもあれば，それらを自分の考えとしてまとめ上げることもあります。そのためには，感想や意見，記録，報告などの表現力が必要となります。同じ思考・判断・表現でも評価の着眼点となる規準は違ってきます。また，基盤となる知識・理解の評価も合わせて行う必要があります。関心・意欲・態度を検証していくこともあります。一連のまとまった言語活動には，評価の複合性があることを理解し，何を評価するのかを決定しておきましょう。

⑶　教育課程全体で言語活動を位置付ける

各学校は，教育課程全体で言語活動を位置付け，評価しなければなりません。

⑷　結果だけはでなく，学習の過程及びそれらに対応した評価の過程を重視する

結果として，報告文が書けるといったことだけではなく，課題やテキストに基づいて，習得した知識や技能を生かしながら課題解決したり，自己表現としてまとめ上げ，他者と交流し合い自己評価していく課題探究過程に応じた学習評価が重視されなければなりません。

⑸　各教科等の年間指導計画に言語活動を明確に位置付け，評価を繰り返すようにする

言語活動は，いかに出合わせ，かつ定着するように繰り返すかが重要です。したがって，各教科等の年間指導計画に明確に位置付け，関連性を強めることが欠かせません。

次ページでは，国の考え方と経緯を踏まえ国語科独自の評価の考え方をまとめておきます。

２．新しい国語科の学習評価に応じた授業改善を図る

１　国語科の３観点の学習評価の作成方法

　新しい学習指導要領に基づく国語科の学習評価は，各教科と同様に，次の３観点となりました。

知識・技能	思考・判断・表現	主体的に学習に取り組む態度

　このことは，大きな改革となります。と言うのは，評価が３観点になったのだから，学力観も変化し，単元の指導計画や単位時間の重点が改革されることになるからです。では，どのようにすればよいのか，具体的な考え方と作成方法をまとめて解説しましょう。（［参考資料］参照）

　「知識・技能」「思考・判断・表現」については，「内容のまとまりごとの評価規準」が単元や題材の評価規準となります。国語科の内容のまとまりは，次のようです。

〔知識及び技能〕
(1)　言葉の特徴や使い方に関する事項　○言葉の働き　○話し言葉と書き言葉　○漢字　○語彙　○文や文章　○言葉遣い　○表現の技法　○音読，朗読
(2)　情報の扱い方に関する事項　○情報と情報との関係　○情報の整理
(3)　我が国の言語文化に関する事項　○伝統的な言語文化　○言葉の由来や変化　○書写　○読書
〔思考力，判断力，表現力等〕　Ａ話すこと・聞くこと　Ｂ書くこと　Ｃ読むこと

　内容のまとまりを確定し単元構想する時に，次のように３観点を作成していきます。

---
①　「知識・技能」・「思考・判断・表現」―文末は「～している」
　なお，育成したい資質・能力に照らして，指導事項の一部を用いて評価規準を作成することもあります。評価規準の冒頭には，当該単元で指導する領域を「（領域名）において，」と明記する。
②　「主体的に学習に取り組む態度」―文末は「～しようとしている」
　「主体的に学習に取り組む態度」については，国語科の内容に「学びに向かう力，人間性等」に関する直接の内容は指導事項がありません。そこで，①知識及び技能を獲得したり，思考力，判断力，表現力等を身に付けたりすることに向けた粘り強い取組を行おうとする側面と，②①の粘り強い取組を行う中で，自らの学習を調整しようとする側面の双方を適切に評価できる評価規準を作成します。実際には，次のような要素で表現します。
　①　粘り強さ〈積極的に，進んで，粘り強く等〉
　②　自らの学習の調整〈学習の見通しをもって，学習課題に沿って，今までの学習を生かして等〉
　③　他の２観点において重点とする内容（特に，粘り強さを発揮してほしい内容）
　④　当該単元の具体的な言語活動（自らの学習の調整が必要となる具体的な言語活動）

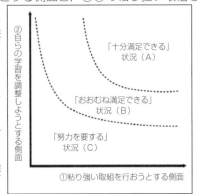

これらのことを，「学習評価の構想と評価規準の構造」として見やすくしておきましょう。

知識・技能	思考・判断・表現	主体的に学習に取り組む態度
【構想上の留意点】 ①文末は，「〜している」具体的には，「気付いている」，「理解している」，「使っている」などとなる。 ②2学年の内容を学年別に設定する。 ③「思考・判断・表現」の内容と関連付ける。 ④事項は基本的に複数設定する。分析的に考えるためであるが，単元によっては1事項でもよいし，大きく括って示すことで1事項でもよい。	【構想上の留意点】（領域を示す。） ①文末は，「〜している」具体的には，「話している」「工夫している」「まとめている」などとなる。 ②2学年の内容を学年別に設定する。 ③「知識及び技能」の内容と関連付ける。 ④事項は基本的に複数設定する。学習過程に応じて領域を示しているので，どの事項を重視するかを見極める。前単元までの内容を踏まえ，反復しながら新しい内容を導入していく。	【構想上の留意点】 ①文末は，「〜しようとしている」具体的には，「説明しようとしている」「述べようとしている」「まとめようとしている」などとなる。 ②知識及び技能を生かし，言語活動を通して思考・判断・表現しながら学ぶ力を自ら高めるような観点を明確にする。 ③各教科等での言語活動を支える言語能力の育成と国語科での言語能力とを統合的に考える。 ④1つの単元で集中的に指導するものと，繰り返し取り上げて定着していくものを区別する。例えば，ノートの特定の記述などを取り出し，他の観点から切り離して「主体的に学習に取り組む態度」として評価することは適切ではない。
※以下に例を示します。これらは，学習指導要領の内容を受け，少し具体化したものです。実際の単元では，①学年，②年間指導計画，③教材，④児童の実態等，に即して一層分析・具体化して作成します。指導事項の中から何に重点化するか，新たな内容は何か，繰り返し定着を図るものは何か，などを考えて統合します。		
〔知識・技能の例〕 ・感じたことを話すための始まり，展開，終わり方の構成について理解している。（〔第1学年及び第2学年〕(1)カ） ※［話すこと］	〔思考・判断・表現の例〕 ・「書くこと」において，経験したことから書くことを見付け，経験を思い出して書きたいことに合った事柄を集めたり，整理したりして伝えたいことを明確にしている。（〔第1学年及び第2学年〕Bア）※［書くこと］	〔主体的に学習に取り組む態度の例〕 ・粘り強く（要素①），目的を意識して説明文の中心となる語や文を見付けて要約し（要素③），学習課題に沿って（要素②），分かったことや考えたことを説明しようとしている（要素④）。（〔第3学年及び第4学年〕C） ※［読むこと］

　これで，基本的な考え方と作成方法は分かりました。ただし，実際に作成するためには，国語科独自に考慮すべき事柄があります。学習の評価は，単元ごとに行いますが，評価規準には，次の3つが関連していることに注意する必要があります。

　①　単元の評価規準

　②　具体の評価規準（指導過程が展開するひとまとまりの区切りで，通常数時間分になる）

　③　単位時間の評価規準

　具体の評価規準や単位時間の評価規準は，単元全体で評価する時の記録として活用するため

のものです。単元全体の言語活動の過程を通して、「おおむね満足」B)を基軸に、「十分満足」(A)、「努力を要する」C)を評価するのです。

　次に、これら3つの評価規準を作成する時に分けて解説します。

2　単元の評価規準及び評価方法の作成

　(1)　年間指導計画に基づいて当該単元の指導目標や教材を確定し、それらに基づいて「単元の評価規準」を作成します。この時に重要なのが、国語科は、学習指導要領では2学年まとめて示しているので、2学年間の指導内容を分析・具体化しなければならないことです。学習指導要領の指導事項は、第1巻『読むこと編』の「序章　学習指導要領から基礎・基本を知り、授業に生かす」で述べたように、複合的な内容となっています。そのまま引き写すようにしていたのでは、実際の授業場面では抽象的で評価しにくいでしょう。

　年間指導計画で取り上げた言語活動と評価規準を記録し、十分必要なものを取り上げているか、個別での定着度はどうか、次の同一領域での単元では何を焦点化するかなど関連付けるためにも具体的でないと、抽象的で不安定な評価になってしまう可能性が生まれます。

　(2)　国語科では、1つの単元において取り上げた評価規準を、繰り返し取り上げます。「知識及び技能」を児童に解説したとしても、活用出来るかは別です。「思考・判断・表現」の能力も一度の体験では不安定です。題材や場面が変われば言語活動を最後まで達成できないこともあります。したがって、評価についても、その点に十分配慮し、年間を通して、また、学年を越えて評価することが重要です。大事なのは、結果的に2年間で定着するように工夫していくことです。なお、一連の言語活動を実現するために合わせて、ある能力を反復する時、それらを評価の対象にしないで向上を図るだけの時もあることを理解しておいてください。

　(3)　各領域における〈大単元、本単元、小単元、複合単元、総合単元〉などと呼ばれている教科書の種類に応じて学力向上と定着を図るようにすることが大切です。評価は結果だけを追い求めるのではなく、汎用的に活用することが可能になった時、評価が定まったと言えるのです。

　(4)　「知識・技能」・「思考・判断・表現」2観点の「内容のまとまり」を概観した上で、その中から学年別及び当該単元にふさわしい指導事項と言語活動を具体化し、評価規準を作成します。言語活動は、言語活動例を参考にしながら決定にはさらに具体化する必要があります。児童の実態を見ては、修正したり、統合したり、反復したりすることを心がけねばなりません。

　(5)　評価規準が固定化しないようにします。毎回同じような内容に固定化したり、観点数が固定化したり、領域ごとに固定化したり、教師によって固定化したりしないように工夫します。

　(6)　「主体的に学習に取り組む態度」には、「積極的に」といった態度、「学習の見通しをもって」といったラーニングスキルなどが含まれています。そこで、「課題設定─学習計画─読解─試行・学習・思考・言語操作─記述─解決・解明─評価」などの汎用的な諸能力も学力として指導することを忘れないようにしないと評価時に困ります。

(7)　言語活動を基軸に３観点の評価を統合した単元構想をし，実際の展開が進むのですが，授業後の評価は，再び３観点に分けて評価します。そこで，一連の言語活動を３観点から３回見直すことになります。「主体的に学習に取り組む態度」は，直接的な指導事項がありませんので全体を統合して判断することになりますので丁寧さが求められます。

3　具体の評価規準及び評価方法の作成

(1)　単元指導計画の学習活動の一定のまとまりや時間数に応じて，「具体の評価規準」及び評価方法を作成し単元指導計画に書き込みます。

(2)　「単元の評価規準」を「具体の評価規準」へ具体化する時に注意することは，いかに単元全体の中で適切に配置したり繰り返したりするかということです。次のような類型化を図ることが出来ますので，単元の指導計画に配置する時には，これらを参考にするとよいでしょう。

　　a　向上型─指導が展開するのに合わせて徐々に内容の難易度を上げていく。

　　b　分割型─指導する内容をいくつかに分割して目標を達成する。

　　c　反復型─反復して繰り返すことによって定着を図るようにする。

　　d　集中型─文法や語彙などのような知識を集中的に指導する。

(3)　単元の指導計画に位置付ける「具体の評価規準」及び「単位時間の評価規準」を構成する「学習活動」欄は，言語に関する知識及び技能，思考操作力，言語操作力，言語運用力が明確になるように「分類している」「比較している」など文末で明確に表れるように記述します。

(4)　学習活動の文末を変えて評価規準とするのではなく，言語能力を基に評価規準を作成します。実現するために題材や教材を準備し，育成すべき能力を結果から評価するのです。

(5)　指導目標や評価規準に応じて多様なまとまりのある学習活動を行いますので，行った学習活動を全て評価の対象としないようにします。あくまでも，本単元での指導目標や評価規準に関することだけを評価するようにします。

4　単位時間の評価規準及び評価方法の作成

(1)　「単位時間の評価規準」については，単位時間ごとに考えるのではなく，「具体の評価規準」を単位時間に当てはめて考えるようにします。また，単位時間ごとにＡ・Ｂ・Ｃに割り振らないようにします。時には，複数時間にわたって同じ評価規準が続くこともあります。

(2)　評価は，教師だけがするものではないことも重要な視点です。学習者が評価出来る自己評価や相互評価を活用し，自ら得た知識や学習力を自己評価させます。自己評価のために次のような【振り返りのための指示言】が考えられます。

・分かったこと　・よく分からなかったこと　・できるようになったこと　・できなかったこと

・決まったこと　・引きつぐこと　・今度やりたいこと　・やらなければならないこと

・調べること　・おぼえておくこと　・くり返し練習すること　・友達へのアドバイス　　　　　など

評価は，教師と児童が評価規準やその考え方を共有することによって確かさにつながります。

1. 話し言葉と書き言葉はどう違うの？

ポイントシートのねらい

　話し言葉と書き言葉の違いを分かりやすく説明したものです。話し言葉と書き言葉の使い方には混乱があるので，話し言葉と書き言葉をどのように使い分けたらよいのかを，明確に２つの木に示しました。本質的な特徴を理解し，両者の連続性と非連続性を自覚して言語表現力を高めることが大切です。

ポイントシートの解説

　話し言葉と書き言葉の特徴を木のイラストを用いて対照的に示しています。イラストの下から順に，左側の木には話し言葉の特徴を示し，右側の木には書き言葉の特徴を示しています。

	話し言葉	書き言葉
①	人間の言語発生の始原の言語である。	話し言葉の後に開発された言語である。
②	音声なので内容は即時に消滅する。	文字で表すので，記録保存が容易である。
③	１文平均30字程度である。	１文平均40字程度である。
④	話し手（表現主体）と聞き手（理解主体）が同一の時間的・空間的な場（場面・状況）を構成し直接伝え合う。	書かれた時間・空間と，読む時の時間・空間は違っているので，書き手（表現主体）と読み手（理解主体）が間接的に伝え合う。
⑤	音声による直接的な方法なので，モニタリングしながら話し手が自分の話す内容を変更することが出来る。	時間・空間を経て読み手の反応が伝えられるので，書き手が読み手に直接関与することは出来ない。
⑥	話し手及び聞き手は，１人の場合もあるし，２人以上の複数の場合もある。	通常，書き手は１人で，読み手は不特定多数である。
⑦	直接的な表現構造の場を共有しているので，思いつきの順序で表現したり，擬音語・擬態語などを活用して具体的なイメージを伝えたりする。	読みやすさを考慮して論理を組み立てていくので，下書きや推敲を重ねた整序された表現が使用される。
⑧	独話・聞き取り・対話などの表現様式がある。	伝達や行動喚起，作品の創造など自己表現が主要になる表現様式がある。
⑨	話し手と聞き手が交代することがある。	書き手と読み手が交代することはない。

ポイントシートの活用法

　話し言葉と書き言葉の特徴を枝葉の部分に対照的に示しているので，書き言葉として書いた原稿をリライトして話し言葉に直して発表したり，その逆の活動をしたりする時に活用します。時間のない時や，話し言葉の活動をする時は左の木だけを活用してください。

（参考文献：井上一郎著『話す力・聞く力の基礎・基本』）

はなしことばとかきことばはどうちがうの？

ことばのつたえ方には，話しことばと書きことばの2つがあります。
① 話しことばは，人間の声（音声）で，その場にいる人につたえる方ほうです。
② 書きことばは，文字で，いつでもどこにいる人にもつたえられる方ほうです。話しことばと書きことばのちがいを考えて，2本の木にのぼりましょう。木の下に集合だ！

話し合う時には，話し手になったり，聞き手になったりしてこうたいするよ。

1人で話す，みんなで話し合う時につかう。

本やずかんリーフレットなどをつくる時につかう。

書き手は，読み手とこうたいしないよ。

話すないようと，声の出し方を考えることが大切。

聞き手のはんのうを見ながら，わかりやすく話す。

読み手のはんのうは読んだあとにかえってくる。

下書きを読みかえして，わかりやすく組み立ててつたえるよ。

話し手・聞き手は，1人の時もあるし，ふくすうの時もあるよ。

話し手と聞き手が，同じじかんと，ばしょにいることが多い。

書き手と読み手が，ちがうじかんと，ばしょにいることが多い。

書き手・読み手は，1人の時もあるしふくすうの時もあるよ。

1文の長さは，やく30字がいいね。

何ども読みかえせるから，長くなっても，だいじょうぶ。1文やく40字がいいね。

生まれてはじめて話すのが話しことばだよ。

話しことばをつかったり，書きことばをつかったりしてせいかつする。

あらわし方は，文字だから，きろくしたり，ほぞんしたりすることができるよ。

あらわし方は人の声（音声）だから，すぐにきえてなくなる。

どっちの木からのぼろう。

話しことばの木

書きことばの木

2. 日本語ってどう発音すればいいの？

ポイントシートのねらい

　日本語を使った音声や発音の仕方を分かりやすくまとめて一覧にしたものです。音節の仕組みと発音の仕方，母音と子音以外の発音の仕方についてのポイントを示しています。

ポイントシートの解説

① 日本語の構成

　母音と子音の五十音で構成されていることを示しています。

② 母音の発音の仕方

　母音は，「あ」「い」「う」「え」「お」です。口形の開き方を図で説明しています。「あ」は，口を大きく開きます。「い」は，口を横に引っ張ります。「う」は，口をすぼめます。「え」は，口を横に開きます。「お」は，口を縦に開けます。口形に気を付けて発音するようにしましょう。

③ 子音の発音の仕方

　子音は，一定の時間的長さを示す「拍」として「子音＋母音」で構成されています。母音が付いていることを意識することを示しています。

④ 濁音（ば）と半濁音（ぱ）

　濁音は，「がぎぐげご」等「゛」が付いた音です。半濁音は，「ぱぴぷぺぽ」等「゜」が付いた音です。半濁音では，唇を合わせて息を短く出して発音します。

⑤ 濁音，長音，促音，拗音の発音の仕組みや発音の仕方

　長音とは，長くのばして発音するものです（例　おかあさん）。促音とは，つまる音です（例　かっぱ）。拗音は，二字で一音を発音します（例　きしゃ）。発音の仕方を呼吸法や音ののばし方，口形などで説明しています。

⑥ 発音を明確にする練習法

　チャレンジコーナーでは，「おはようございます」という言葉を母音を明確にして発音するようにしました。

⑦ 英語と日本の発音の違い

　日本語や外国語では，母音と子音の量や使い方が違っていることを示しています。

ポイントシートの活用法

　母音と子音の発音の区別は難しいです。子音の発音を意識するようにしましょう。実際に鏡を見ながら発音してみるとよいでしょう。

にほんごって　どう　はつおんすれば　いいの？

ひとの　まえで　はなしたり　おんどくしたり　するときには，はっきり
いわなければ，いけません。

にほんごには，ぼいんと　しいんが　あると　きいたけど，1ご1ごはっ
きり　するために，どうしたらいいのだろう？

にほんごは，50おんで　できています

わ	ら	や	ま	は	な	た	さ	か		あ
	り		み	ひ	に	ち	し	き		い
を	る	ゆ	む	ふ	ぬ	つ	す	く		う
	れ		め	へ	ね	て	せ	け		え
ん	ろ	よ	も	ほ	の	と	そ	こ		お

ぼいん →

「あ・い・う・え・お」は，ぼいんです。
くちの　かたちに　きをつけて　いいましょう。

あ　　い　　う　　え　　お

しいん＋ぼいん ↓

「あ・い・う・え・お」の　ほかは，しいんです。

しいんは，しいんと　ぼいんの　くみあわせで　できています。

ぼいんをいしきするといいですね。

ぱ	ば	だ	ざ	が
ぴ	び	ぢ	じ	ぎ
ぷ	ぶ	づ	ず	ぐ
ぺ	べ	で	ぜ	げ
ぽ	ぼ	ど	ぞ	ご

【たいこ】　は　【た】　　　　【い】　　　　【こ】
　　　　　　しいん・ぼいん　　ぼいん　　　しいん・ぼいん

← ほかにも「゛」が，ついて，だくおん　と，いいます。
「゜」が　ついて，はんだくおん　と，いいます。

にほんご　には，ちがう　はつおんの　しかたが　あります

「゛」は，
どう　はつおんするの？

★いきを　ばくはつ
　させよう

【ガッコウ】 → 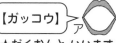 ア

★だくおんと　いいます。

のばす　ことばは，
どう　はつおんするの？

★ぼいんを　のばそう

【オトーサン】 →  オ

★ ちょうおんと　いいます。

「っ」は，
どう　はつおんするの？

★「っ」で　くちを
　とじよう

【カ】●【パ】 →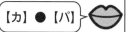

★そくおんと　いいます。

「ゃ」「ゅ」は，
どう　はつおんするの？

★みじかく　ー おんで
　はつおんしよう

【キャベツ】 → ア

★ようおんと　いいます。

チャレンジしよう

「おはようございます」を　ぼいんと
しいんで　わけてみましょう。

「おはようございま
す。」をぼいんだけで
いってみましょう。

「おあおうおあいあう」

えいごの「CUP」をぼいんと　しいんで　わ
けてみましょう。

C　　U　　P
しいん　ぼいん　しいん

3．どんな順序で話したり，聞いたりしたらいいの？

ポイントシートのねらい

　話したり，聞いたり，話し合ったりする際に，児童が目的を明確にし，その目的に沿った手順の内容を，運動会の競走形式で表したものです。ここでは，「話をする」「話を聞く」「インタビューする」「協議する」「討論する」の5つの活動について，その手順を①から⑦の順に，児童に分かるように整理しています。これらの項目を常に意識させることで，児童は単元の見通しをもち，目的を明確にもって学習に取り組むことが出来るとともに，5つの活動の共通点や相違点にも気付くことが出来るでしょう。

ポイントシートの解説

　話す・聞く活動には，主に次のような活動があります。

独話活動	説明・解説，**紹介**，感想・意見，主張・演説・弁論，連絡・報告・報道・ルポルタージュ，放送，実況，評論・論説，講義・講演，など
聞く活動	**インタビュー**，面接，**ヒアリング**，など
対話活動	対談，鼎談，座談，相談，**協議**・会議，**討論**・討議，パネルディスカッション，フォーラム，シンポジウム，交渉，など

　ここでは，この中から低学年から高学年まで行われることが比較的多い5つの活動（ゴシック部分）に絞ってその手順を説明しています。それらを比較させることで，それぞれの活動の特徴を理解します。

　例えば，手順の①②③のような，課題設定や情報収集は，「話す」「聞く」「話し合う」のどの活動にも共通していることが分かります。また，児童は，よく「話をする」活動は，発表することで終わりだと思うことがありますが，発表がどうだったか評価することも意識させましょう。「話を聞く」や「インタビューする」でも同じように，メモを書いて終わりではなく，それを見直して整理する活動も大切です。協議と討論はよく似ていますが，協議は話し合ったことを1つにまとめていくことが目的であるのに対して，討論は話し合ったことで自分たちの考えを広げたり深めたりすることが目的であるということも分かります。

ポイントシートの活用法

　単元の始めに学習目標を設定する際や，学習の計画を立てる際に，5つ全てを比べさせたり必要な項目だけに絞って見せたりします。違いに気付かせることや，これからする活動に注視させることで，今から自分たちがどの活動をするのか，そのためにどのような計画で学習を進めていけばよいかが明確になり，学習の見通しをもちやすくなるでしょう。

どんなじゅんじょで話したり聞いたりしたらいいの？

いきなり話したり聞いたり話し合ったりしていませんか。下の図のスタートから⑥，⑦にむかうように話す，聞く，話し合うかつどうを計画し，じっこうすることが大切です。

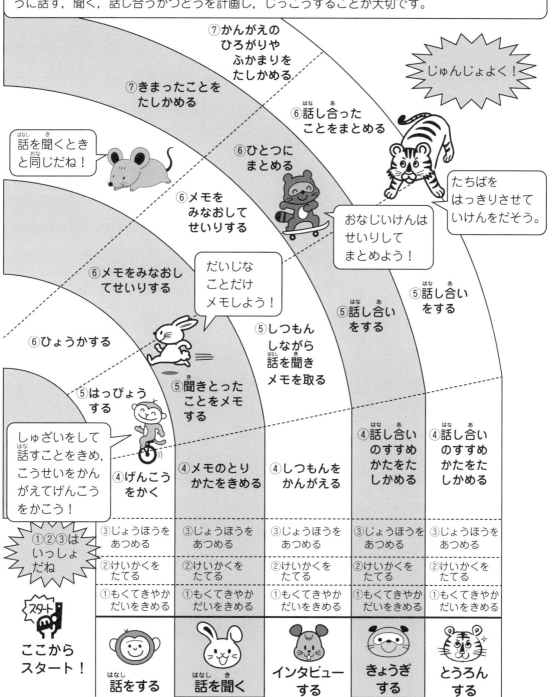

4．話し合って考えを１つにまとめよう（進行・司会）

ポイントシートのねらい

　議論が分かれた時に，進行・司会役がまとめる基本的な方法を表したものです。３つのまとめ方を知り，活用します。

ポイントシートの解説

　話し合いをまとめる方法を上段に，それを使った話し合いの例を下段に表しています。

●まとめ方

① えらぶ…実現可能かどうかを考え選択する方法

　・時間，場所，人数などから現実的に考え，賛成や反対の立場を尋ねたり，意見を出してもらったりします。（例）雨の日の遊び「教室で10分で出来るものを選びましょう。」

② しぼる…提案されたものから２つに絞り込み，最終的に１つを選ぶ方法

　・テーマや目的に合うものを２つに絞り込んでから比べて考えます。

　　（例）「今日のテーマは○○です。２つに絞ってから，一番テーマに合う意見について考えましょう。」

③ あわせる…それぞれの意見のよさを組み合わせてまとめる方法

　・よい言葉や考えをつなげたり組み合わせたりして考えます。

　　（例）「１つにまとめられる意見はありますか。」

　　　　「似ている意見や，つなげられる意見を探してみましょう。」

●意見の選び方…発言（賛成や反対または中立の意見，理由づけ，など）

　　　　　　　　多数決（挙手，起立，色カード，などで意思表示）

ポイントシートの活用法

　説明する時は，上段の話し合いのまとめ方から説明するとよいでしょう。実際の話し合いの場面では，初めにまとめ方を決めて知らせてから話し合うことも効率的ですし，また，収束部分で有効なまとめ方を選択することもできます。

　下段の話し合いの例について，①や②でまとめる場合に，進行や司会はどのような言葉を言えばよいのかを考え，練習してみるのもよいでしょう。

（参考文献：井上一郎著『話す力・聞く力の基礎・基本』／井上一郎編著『話して伝わる，聞いて分かる　話す力・聞く力の基礎・基本を育てる―小学校―下巻』）

話し合って考えを１つにまとめよう（しんこう・しかい）

話し合いをしていると，いろいろな考えが出ますね。たくさんのいけんを１つにまとめるための方法を考えていきましょう。

まとめ方３つをしょうかいします。

❶ えらぶ
「できそうなものの中からえらぼう。」

❷ しぼる
「いいものを２つえらんでどちらか決めよう。」

❸ あわせる
「いいところを合わせてこたえを作ろう。」

テーマ：みんながなかよくなるためのクラスの合言葉を考えよう

話し合いのれい

- ともだちにやさしくしよう
- 力を合わせてがんばろう
- 楽しいなかま
- みんなやさしい２ねん１くみ
- 元気いっぱい２ねん１くみ
- ともだちとたすけ合おう
- 心を１つに合わせよう

ともだちにやさしくしよう

ともだちとたすけ合おう

みんなやさしい２ねん１くみ

どれもいいいけんだけど…話し合いのもくてきに合うものをえらびましょう。

だいじなことばを合わせて「ともだちにやさしくたすけ合う２ねん１くみ」ではどうですか。

今日は③「あわせる」でまとめます。

21

5. みんなに分かるように説明しよう

ポイントシートのねらい

自分の説明を分かりやすく発表する方法の手順を3段階に分けてまとめたものです。

ポイントシートの解説

　説明する時に相手や目的の意識化を図るということで，①は聞き手の具体化，②は順序の具体化，③は説明方法の具体化を取り上げています。

① 聞き手の具体化

　聞き手は，1人なのか多数なのか，どのような人物か，何を望んでいるのかを確認することで，相手を明確に意識させます。

② 順序の具体化

　それぞれの目的に合わせて，時間の順序や事柄の順序など，話す構成を具体化させます。事柄の順序として，2つ以外にも以下のようなものがあります。

- ・簡単なものから複雑なものを説明する。
- ・部分を先に説明してから全体に説明する。
- ・大きくいくつかにくくって，1つ目から説明する。
- ・説明したい事物を先に（最後に）説明する。
- ・感想を先に，理由を先に，きっかけを先に，自分の考えを先に説明する。

③ 説明方法の具体化

　具体化の方法には，以下のようなものがあります。

- ・例解的説明…他の文章の引用や事例を挙げたりすること
- ・音声／映像的説明…音声や映像を活用すること
- ・**図解的説明**…事柄を図解すること
- ・**実物的説明**…実物を見せること
- ・**演示的説明**…その場で演示して見せること

ここでは，この中から，低学年がよく用いる具体化を3つ（太字）取り上げています。

ポイントシートの活用法

　①では，少人数の場合と大勢の場合の違いなどを，②では，紹介などの様式を明確にし順序を，③では，方法の分かりやすさなどを考えさせます。

（参考文献：井上一郎著『誰もがつけたい説明力』）

みんなに分かるように説明しよう

 たからものをしょうかいしたいけれど，どうしたら，分かりやすくせつめいできるの？

 いっしょに「ランプのまじん」に聞きに行こう！　きっとひみつをおしえてくれるよ！

①まずは聞き手をかんがえるのじゃ

★聞いている人はなん人？
★どんなかんがえをもった人？

聞き手はクラス30人。たからものが何か知らない人がおおいわ。

②つぎはじゅんじょをかんがえるのじゃ！

★せつめいにはどんなじゅんじょがあるかな？
・時間のじゅんじょで
・ことがらのじゅんじょで
★どんなことがらを先にせつめいするのかな？
・れいをさきにいくつかあげて
・全体をせつめいしてからぶぶんをどれがいいかえらんでみよう！

「どんなものがたからものですか」とたずねてからせつめいしようかな。

③さいごに見せるものをかんがえるのじゃ！

じつぶつを見せながらせつめいしてみるわ。

★何を見せながらせつめいする？
①絵や図，しゃしんを見せながら
②じつぶつを見せながら
③やって見せながら

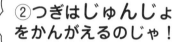

ポイントシートのねらい

　自分の思いを伝えるための方法を４つの面から分けて説明したものです。それぞれにおいてどのような場面があるのかをスピーチ原稿を使って具体的に示しています。また，声の出し方のポイントも示し，話し方のレベルアップをねらっています。

ポイントシートの解説

●スピーチ原稿の工夫

　自分の思いや紹介したい事や物に合わせて，文章構成を工夫したり言葉を選んだりすることが大事です。文章構成はどれも「はじめ・中・終わり」の構成です。それぞれにおいて入れるとよい観点を示し，モデル文の例と対応させています。

お気に入りが伝わるように話す	一番の思い出が分かるように話す
紹介する物や事がどれくらいお気に入りか（好きか）を伝えるには，その様子や特徴だけでなく，出会いなどのエピソードも加えます。具体物を見せることも効果的です。	出来事紹介は，起こったことを時間軸に沿って書くだけではなく，伝えたい，忘れられない出来事から書きます。物語のように書くことで，聞き手もその場面にいるような気分になるでしょう。
理由が分かるように話す	興味がずっと続くように話す
紹介する物や人・出来事に合わせて，多面的に見た複数の理由を書きます。「紹介する時に使いたい言葉」の提示をするとよいです。	聞き手の興味が続く手立ての１つとしてランキングを取り入れます。聞き手に問いかけ，話の内容を予想させる話し方も効果的です。

●声に出す時の工夫

　声に出す時は，思いが伝わるように強調したり，相手をひきつけたりする工夫も大事です。原稿の文字サイズを変えることで音量の違いを示します。また，ト書き（原稿のセリフの横に書いている小さな文字のこと）に，間の取り方や具体物の提示の仕方などを示します。これらの工夫を書き加えてからスピーチ練習をします。

ポイントシートの活用法

　紹介したい内容と伝えたい思いに応じて，モデルにするポイントシートを決めます。ポイントシートにあるような観点を事前に書いた原稿（ワークシート）を用意し，書かせると効果的です。

（参考文献：井上一郎著『話す力・聞く力の基礎・基本』）

思いが伝わるスピーチ原稿はこれだ！！

わたし，お気に入りがいっぱいあるの！　たとえば，すきな本だったり，たからものだったり。それをね，じょうずにつたえられるヒントをしっているので，みんなにもおしえてあげるね！

お気に入りがつたわるように話すにはね

お気に入りのもの・こと

いまの気もち	であい・ようす とくちょう	しょうかいしたいものやこと

★くりくりした目を見ていたら，「マル」というなまえをおもいつきました。……

★おばあちゃんが，だいじそうにぬいぐるみをもってきました。「あまりにかわいかったので，かったのよ。」とほほえんでいました。……

わたしの一ばんのたからものをしょうかいします。それは，このいぬのぬいぐるみです。……

このマルをずっとだいじにしたいです。

（ぬいぐるみを見せながら　みんなのかおを見る。　ぬいぐるみを見せながら）

> もじの太さにあわせて，声の大きさもかえて話そう。

一ばんの思い出がわかるように話すにはね

うれしかったこと・くやしかったこと

じぶんの思い	がんばったばめんでなにが，どのように	つたえたいできごと

★「パーン。」スタートのあいずがなりました。★足がいたくなるくらいがんばりました。……

★前の人をぬいたとき，風がピュンとふきました。……

わたしの一ばんの思い出は，うんどう会のかけっこです。……

二年生になっても，一いになりたいです。

> 「なか」のところは，ものがたりのように，じっさいにおこっているように話そう。

りゆうがわかるように話すにはね

わたしのおすすめの本

つたえたいこと	いくつかのおすすめりゆう	おすすめしたい本

★「またいつかのりにおいでよ。」のことばにびっくりしました。どうしてかというと…

★ふねがひっくりかえって，川の中にみんなおちたところがおもしろかったです。……

★シリーズ本だから，どの本からよんでも楽しめます。

わたしが，おすすめしたい本は…この本のすきなりゆうは…

ぜったいよんでほしいと思いました。

> まをあけたり，ゆっくりいったり，つよくいったり，くふうをしよう。

きょうみがずっとつづくように話すにはね

すきな○○ランキング

じぶんの思い	わくわくするじゅんばんで・たずねながら	しらべてみたすきな○○

★一いは，なんだと思いますか。そのあそびのすきなりゆうは，ともだちときょうそうできるからです。ほかのりゆうは：…★みなさん，わかりましたか。一いは，なわとびです。……

すきなあそびベストテンは，…だい十いからはっぴょうします。……のこりは，ベストスリーです。……のこり三いは，

一いのなわとびをやってみてみませんか。

> かくしてみたり，じゅんにはっていったり，くふうするといいね。

7．話す時の組み立てを考えよう

ポイントシートのねらい

　独話の様式に応じた話の組み立て方を，３つ取り上げて書いたものです。「話す」時の構成には，「独話（スピーチ，プレゼンテーション）における構成」に加え，「対話（ディスカッション）における構成」があります。どちらも様式に応じた談話構成が大切です。

ポイントシートの解説

　独話には様々な様式（感想，放送，実況，解説，弁論，評論，案内，宣伝，講演など）がありますが，ここではその中から３つ（「報告」「紹介」「説明」）を取り上げています。

　自分のスピーチが「報告」「紹介」「説明」のどの様式にあたるのかを決め，スピーチ原稿を作っていきます。

　作成は，以下の手順で行います。

（１）構成メモの「はじめ・中・おわり」に，話したい内容を入れていく。

↓

（２）「はじめ・中・おわり」の内容を，くみたてのポイントを利用しながら分かりやすくするようにする。
　①「報告」のポイント
　　「できごと」が中心になるので，五感を使いながら時系列に話していくようにする。
　②「紹介」のポイント
　　「どんなこと」には，相手に生き生きと伝わるように話したいことを焦点化し，順を追って話せるように組み立てていく。
　③「説明」のポイント
　　「せつめい」の部分では，話したいことをだらだらと述べるのではなく，いくつかに絞って事柄を順序立てていく。
　　必要に応じて実物や絵などを付け加える。

↓

（３）はじめ・中・おわりの内容を確認し，修正する。

　構成を考えることで自分の伝えたいことを分かりやすく表現出来たという実感を感じ，工夫して話そうとする態度へとつなげることが出来ます。

ポイントシートの活用法

　自分が書こうとするものがどの様式にあてはまるのかを，ポイントシートを見せながらアドバイスしていきます。どの様式であっても，「中」の部分をふくらませることが大事です。

（参考文献：井上一郎著『誰もがつけたい説明力』）

話すときのくみたてをかんがえよう

人のまえで話すときは，①**ほうこく**したり，②**しょうかい**したり，③**せつめい**したりするなど，いろいろなばあいがあるね。きく人がよくわかるためには，どれもくみたてをかんがえないといけないね。

① 〈**ほうこく**のくみたて〉
～ けいけんしたことをほうこくするには～

おわり	中	はじめ
かんそう	できごと	何の話
・とてもたのしかった。 ・また行きたい。	・大きい水そうにたくさん魚がおよいでいた。 ・大きなサメがいた。 ・カメやヒトデをさわれる水そうがあった。 ・イルカのショーを見た。ジャンプがたかい。 ・かわいかった。	日よう日、かぞくで水ぞくかんにいったよ。 ないよう

くみたてのポイントは…

◎じかんにそって，だいじなことをじゅんじょよく話そう。

・はじめ…いつ，どこで，どんなこと
・中………ようすをくわしく
・おわり…かんそうや
　　　　　これからしたいこと

じゅんじょよくかけているかな？

② 〈**しょうかい**のくみたて〉
～ あいてにしょうかいするには～

おわり	中	はじめ
まとめ	どんなこと	何の話
・形がとてもおもしろい。 ・ぜひ本物を見てほしい。	・はじめは長さのことです。マンボウの長さはやく三メートル。人げんの二人分くらいの大きさ。 ・つぎに、見たこと。よこから見たら丸くて、正めんから見たらほそく長い。せびれとしりびれが大きい。 ・およぎがへたで、よく水そうに体をぶつける。だから、しいくするのがむずかしい魚。	ぼくのすきなマンボウのしょうかいをします。 ないよう

くみたてのポイントは…

◎あいてがしらないことの中には、人やもののしょうかいがあるよ。
・きく人にわかるように，話したいことをえらんで，つたえたいじゅんに話していこう。

・はじめ…しょうかいしようと思ったわけ
・中………じゅんじょをあらわすことば
・おわり…一ばんつたえたいことを
　　　　　まとめる

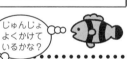

話したいことをえらべているかな？

③ 〈**せつめい**のくみたて〉
～ しくみがよくわかるようにせつめいするには～

おわり	中	はじめ
まとめ	せつめい	何の話
・わかりましたか。 ・水ぞくかんに行ったときぶんになるので、ぜひためしてみてください。	〈はじめに〉 よういするもの… いろんな魚の絵・クリップ・タコ糸・強いじしゃく 〈つぎに〉 つくりかた… ①いろんな魚の絵に一つずつクリップをつける。 ②一メートルくらいの長さのタコ糸のさきに、じしゃくをつける。 ③タコ糸をぼうにまきつける。 〈さいごに〉 あそびかた… ・魚の絵をじしゃくでつり上げる。 ・魚にとく点をつけて、つり上げたごうけい点でかちまけをきめてもよい。	魚つりのおもちゃのせつめいをします。 ないよう

くみたてのポイントは…

◎話のまとまりごとにわけて、じゅんじょよく話そう。じつぶつなどをつかってくわしく話すと、わかりやすいよ。

はじめ…せつめいしたいことを話す
　　　　きく人にといかける
中………大じなことをおとさない
　　　　じゅんじょをあらわすことば
おわり…きいている人にたしかめる

話のまとまりごとにわけられているかな？

8．相手によく分かってもらうようにスピーチしよう

ポイントシートのねらい

　スピーチ原稿を作成し，声を出して練習する時のポイントを9つにまとめて示したものです。「リハーサル」や「モニタリング」の時に，活用出来ます。

ポイントシートの解説

　発表の仕方に焦点化した内容には次のようなものがあります。その中から，ポイントシートには低学年の指導事項を取り上げています。〔ポイントシートで取り上げた内容の番号〕

●**よい姿勢で立つ**―スピーチの場所までの入り方・出方，立つ場所，姿勢，動作に気を付けて〔①〕

●**声がよく聞こえるように**―声の質，発声，発音，声の大きさに配慮して〔②③⑨〕

●**顔を上げて**―ずっと原稿を見ないで，堂々とフロアを見て〔④〕

●**相手を見て**―フロアの人とのアイコンタクトやアイデリバリー（目配り）をして〔⑤〕

●**調子を変えて**―強く言うところ，軽く言うところを意識して，転調する箇所に注意して

　※このポイントシートでは，強くはっきり言うことを取り上げています。〔⑥〕

●**間をあけて**―文脈や強調点等に気を付けて〔⑦〕

●**分かりやすい速さで**―相手や内容，表現様式に合わせて〔⑧〕

　その他にも，次のような観点があります。

●**豊かな顔の表情で**―スマイルも入れた豊かな表情を作って

●**時にはジェスチャーも**―内容に合わせて必要な時に，入れすぎに注意して

●**聞き手の反応を見ながら**―原稿を棒読みにせず，相手の反応を見ながら

●**好かれる態度で**―独りよがりや横柄な態度，ぶっきらぼうな態度にならないで

●**インパクトを強く残して**―強調すべき点を明確にして繰り返して

●**時間を守って**―最後にする礼の時間を含めて，少し余裕がある範囲内で

●**資料を出すタイミング**―内容に合ったタイミングや提示の長さに配慮して

ポイントシートの活用法

　学年や発表の目的，場面等によって，取り上げる項目や数を変えたり，重点化したりしましょう。例えば，教師が姿勢やアイコンタクトの仕方を実際に見せたり，録画したりして考えさせるとよいでしょう。また，伝えたい中心の前に間をとるのも効果的です。

（参考文献：井上一郎著『話す力・聞く力の基礎・基本』）

あい手によくわかってもらうようにスピーチしよう

① あい手によくわかってもらうために，スピーチげんこうをかこう。

② げんこうをおぼえよう。

③ さあ，声を出してれんしゅうだ！

Let's give a speech!

1 よい しせいで たって

2 きこえる 声の 大きさで

3 口を しっかり あけて

4 かおを 上げて

5 ひろく いろいろな人を みながら

6 つたえたいところは つよく はっきり

7 まを じゅうぶん とりながら

8 はや口に ならないで

9 文の さいごも しっかり

ぴかっとひかる スピーチに

9つの大じなことについてれんしゅうしましょう。

ポイントシートのねらい

目的や相手に応じた報告会までのプロセスが一覧出来るように，絵にまとめたものです。調査報告会，体験報告会など様式に応じた準備や計画を立てる力の育成をねらっています。

ポイントシートの解説

例えば，調査報告会では，調査のきっかけとなった事柄を，どのような相手に，どういう方法で知らせるのかを意識することにより，調査の目的が明確になります。目的が決まったら主に以下のような手順で学習は進められます。

②　調査の対象や方法	④　考えをまとめる
《対象》　　《方法》 ・人数は　　・本，資料で調べる。 ・男女比は　・インターネット ・世代は　　・アンケート ・地域は　　・インタビュー　など	《自分の考えを分かりやすく伝えるために》 ・どの資料を使うか。 ・提示方法はどうするか。 　図，表，具体物，映像，その他 ・資料の提示の順番はどうするか。など

アンケートの取り方は，シートを配りボックスに入れてもらう方法や，インターネットを活用して回収する方法などがあるので，どれが効果的であるか考えましょう。

⑦のシミュレーションでは，プログラムに沿った段取り，その当日の動線，大まかな流れなど，どんなことが起こるかを試すことで問題点をチェックします。その上で，④考えや⑤原稿を書く活動でうまくいかなかったことを書き換え，報告文を完成させていきます。

⑨のリハーサルでは，プログラム通りに計時したり，再度動線を確認したりして会の練習をします。実際の会では，会場の広さや聴衆（聞き手）の人数の確認，また目的に応じて資料を提示したり，配ったりすることもあります。

ポイントシートの活用法

ポイントシートを掲示板に常掲し，学習課題に沿って重点的に指導する項目を絞りましょう。目的に合わせた構成文の例を３つ紹介していますので，ゴールの報告会をどのような形式にするのか，見通しを立てる際の参考にするとよいでしょう。

（参考文献：井上一郎著『誰もがつけたい説明力』『話す力・聞く力の基礎・基本』）

計画を立てて調べ，ほうこくしあおう

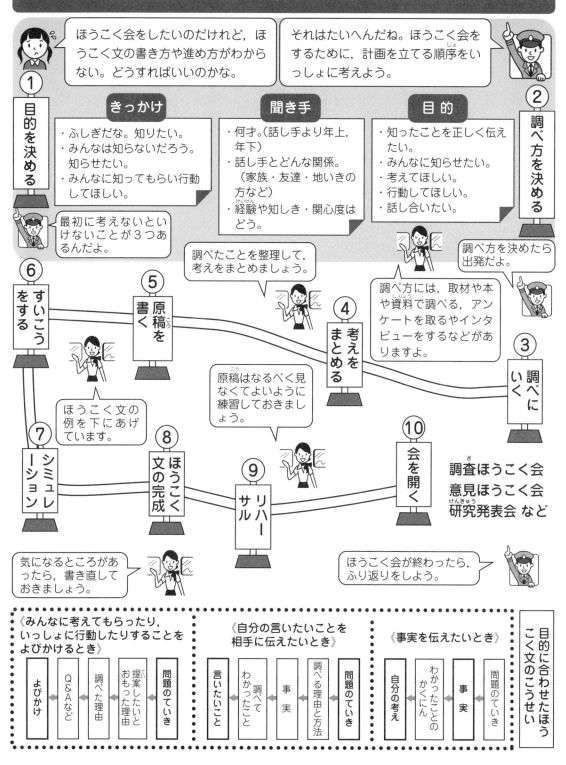

ほうこく会をしたいのだけれど，ほうこく文の書き方や進め方がわからない。どうすればいいのかな。

それはたいへんだね。ほうこく会をするために，計画を立てる順序をいっしょに考えよう。

① 目的を決める

きっかけ
・ふしぎだな。知りたい。
・みんなは知らないだろう。知らせたい。
・みんなに知ってもらい行動してほしい。

聞き手
・何才。（話し手より年上，年下）
・話し手とどんな関係。（家族・友達・地いきの方など）
・経験や知しき・関心度はどう。

目的
・知ったことを正しく伝えたい。
・みんなに知らせたい。
・考えてほしい。
・行動してほしい。
・話し合いたい。

② 調べ方を決める

最初に考えないといけないことが3つあるんだよ。

調べたことを整理して，考えをまとめましょう。

調べ方を決めたら出発だよ。

調べ方には，取材や本や資料で調べる，アンケートを取るやインタビューをするなどがありますよ。

⑥ すいこうをする

⑤ 原稿を書く

④ 考えをまとめる

③ 調べにいく

ほうこく文の例を下にあげています。

原稿はなるべく見なくてよいように練習しておきましょう。

⑦ シミュレーション

⑧ ほうこく文の完成

⑨ リハーサル

⑩ 会を開く

調査ほうこく会
意見ほうこく会
研究発表会 など

気になるところがあったら，書き直しておきましょう。

ほうこく会が終わったら，ふり返りをしよう。

《みんなに考えてもらったり，いっしょに行動したりすることをよびかけるとき》
問題のていき
提案したいとおもった理由
調べた理由
Q&Aなど
よびかけ

《自分の言いたいことを相手に伝えたいとき》
問題のていき
調べる理由と方法
事実
調べてわかったこと
言いたいこと

《事実を伝えたいとき》
問題のていき
事実
わかったことのかくにん
自分の考え

目的に合わせたほうこく文のこうせい

10. 観点をはっきりさせて，言葉を選び説明しよう

ポイントシートのねらい

プレゼンテーションなど相手に分かりやすく説明する言葉について，観点とともに具体例を示したものです。「聞き手に伝わる」説明になるために，最も重要なことは「何をどんな構成で伝えるか」を考えることです。

ポイントシートの解説

単に情報を羅列しただけでは，聞き手にはよく伝わりません。基本形として示したそれぞれのプロセスにおいて，「聞き手が主役」となる説明になるように，ポイントを示しました。

プロセス	役割	ポイント
あいさつ 導入	聞き手に話し手に関する情報を与え，信用を得やすくする。 内容の予備知識を与え，聞き手が違和感なく本題を聞けるようにする。 内容を共有することで聞き手の共感を得やすくする。	自己紹介をする。話し手の自信につながる材料をいくつか用意しておく。 話題性のあるものや身近なことを話す。 いくつかの話題を組み合わせて，聞き手の興味関心を引く導入を工夫する。
前置・結論 （要点）	聞き手を「聞いてみたい」と前向きな状態にする。 要点・結論を最初に伝え，着地点を明らかにすることで，聞きやすくする。	自分が伝えたいことだけでなく，聞き手にとっての価値を組み込む。「これから聞くとこんないいことがあるよ。」「これを聞くと○○できるようになるよ。」といった，相手にとっての価値を明確にする。
説明	内容の全体像を示し，聞き手のストレスを減らす。全体像を提示すると聞く準備が出来，どんな話がいつまで続くか分からないもやもや感をなくすことが出来る。	定型的な表現で十分。 話す内容の「数量」と「概要」を示す。 「これから，3つお話しします。1つ目は○○，2つ目は○○，3つ目は○○です。」 「3点，A，B，Cについてお話しします。」等
説明 （詳しい 事柄）	プレゼンテーションの中核。 聞き手を納得させる。	複数の詳細内容の構造を「もれ・ダブりなく全体を網羅している状態」「レベルが一致している状態」にし，論理的な流れを作る。 時系列，対照概念の枠組みを使う。
まとめ （要点）	話し手と聞き手のギャップを埋める。内容整理をし，聞き手の理解を促す。	「数量」と「概要」の振り返りで，全体的な流れを整理する。 大切なことは，繰り返して伝える。

インパクトのある説明に挑戦するようにするために，インパクトのある数字を使ったり実演したりするなどの，聞き手の聴覚や視覚を刺激する工夫が考えられます。

ポイントシートの活用法

左端の「基本形」のプロセスに従って，実際の説明を組み立てていきます。右端は例文ですので，その部分を省いて，カードに書いたものをポイントシート上で操作したりワークシートとして書かせたりすることも出来ます。

観点をはっきりさせて，言葉を選び説明しよう

自分の意見や考えを説明するときに大切なことは，「聞き手が主役」であること。話し手が一方的に伝える「話し手が主役」では，きちんと伝えられないね。聞き手の興味や知りたいこと，聞き手に何をどう伝えるか観点をはっきりさせた組み立てを考え，相手に伝わる言葉をしっかり準備して説明を成功させましょう。

1.　聞き手を意識して，よく分かる言葉を選びながら具体的に説明することを決める。
2.　基本形にしたがって，説明の組み立てを考える。

あいさつ 導入	自己紹介や季節のあいさつ，さいきんの話題などで，聞きやすくします。	こんにちは。わたしは，4年生の……最近，テレビでよく聞く「AI」を知っていますか？「お掃除ロボット」や「自動車の自動運転」など様々なところでわたしたちの生活を支えています。…
前おき・結論（要点）	理由や一番伝えたいことをはっきりと話し，聞き手を前向きにします。	AIの進化はわたしたちの生活を便利にしてくれた反面，問題点もしてきされています。そこで，**ゆめをもって未来を生きていくため，人間とAIがどのようにつき合うべきか考えたこと**を話します。
説明（くわしいことがら）	伝えたい内容を項目別に整理し，「モレやダブリがない」ように順序や組み立てを考えて，聞き手に分かりやすく説明していきます。・過去，現在，未来・対照的に（よさと欠点，質と量など）	言葉の始まりは，1956年の夏，著名な学者による世界初の人工知能プログラムのデモが行われたワークショップです。その後…次に，人工知能の進歩による未来を**メリットとデメリット**を比べて考えました。1つ目は，人間の代わりに危険な仕事を引き受けてくれるよさがある一方で，人間不要の職業がたくさん出てくるといわれていることです。2つ目は，…
まとめ（要点）	まとめで2回目の要点を話し，聞き手の頭の中を整理させ，理解を深めてもらいます。	以上，AIの歴史や現在の使われ方を調べたことを基に，未来のAIと人間の付き合い方についてわたしはこう考えます。1つ目は，……，2つ目は，……
あいさつ	聞き手に合わせて，感謝の気持ちや聞き手へのよびかけを話します。	最後まで聞いてくださり，ありがとうございました。ぜひ，……ください。

11. 自分の意見を大事にして話し合おう

ポイントシートのねらい

　相手の発言を受けて，自分の意見が曖昧にならないようにする対処法をまとめたものです。混乱するものをボールの中に，その対処法をベースの中に書き込んでいます。話し合っているうちに，自分の考えが分からなくなってしまうことはよくあります。自分の意見を大切にしつつ，それぞれが考えを出し合い，協力して，考えを構築したり高めたりする，つまり，相互作用的に話し合う能力を高めていくことは，コミュニケーション能力育成の上でとても大切です。

ポイントシートの解説

　話し合いをしていて，行き詰まってしまう要因としては，発言者の準備不足（●目的や意図の不十分さ　●構成のガイドの不十分さ　●自己主張についての不十分さ　●具体化についての不十分さ），聞く力の欠如，対話力の欠如等が考えられます。

　ここでは話し合い場面での対話力に視点を当て，対話が成立しない理由を列挙しました。

㋐人の話をよく聞いていない。　　　　㋑自己主張が強すぎて妥協点が見えない。
㋒議論がいろいろなことに及んで１つにまとまらない。　㋓位置が分からない。
㋔対立点がはっきりしない。　　　　㋕結論や目的の方向が見えない。　など

　例えば，㋐人の話をよく聞いていないという問題場面は「感情的になる」という気持ちが要因となって起こり，それを解決するには「まず，落ち着いて相手の話を聞くこと」が大切だという意味になります。また，㋕の項目については，自分の意見を認めてもらえない，もしくは覆されるかもしれないという不安な心理から目的や結論の方向性が見えなくなり，すぐに自分の意見を変えたり質問されて慌てたりする現象が起こることを取り上げました。このように児童が直面する場面を想定し，具体的に解決策をアドバイスしています。

ポイントシートの活用法

　話し合いの経験を想起しながら，困り感を具体的にイメージさせます。話し合いの経験が乏しい場合は，うまくいかない話し合いのモデル映像を準備し，「こんな時どうしたらいいのだろう」という必要感を呼び起こして，ポイントシートの提示を行うのもよいでしょう。

　また，周りのボール（陥りがちな盲点）が他にないかを児童に考えさせ，ホームベースとなるその解決策を一緒に考えることも楽しい学習となります。

（参考文献：井上一郎著『誰もがつけたい説明力』『短時間で効果抜群！70のアレンジを収録！小学校国語科　話すこと・聞くことのエクササイズ70』）

自分の意見を大事にして話し合おう

話し合いをしているうちに，自分の意見があいまいになったり，言いたいことが分からなくなってしまったりすることはありませんか。次の8つのことを守って話し合い，いろんなボールを打てるようにしましょう。

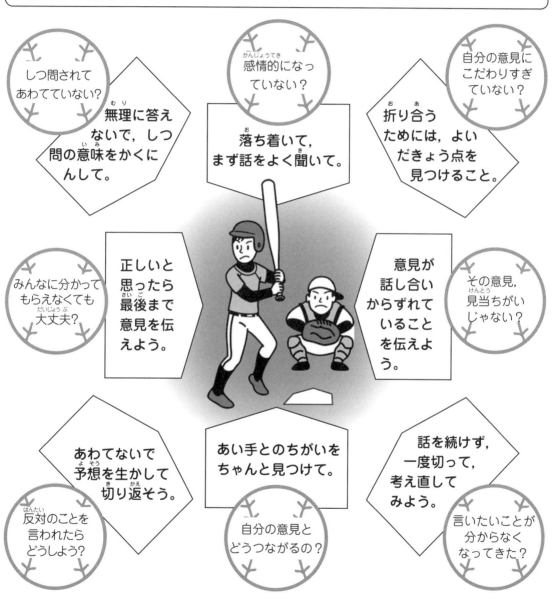

- しつ問されてあわてていない？
- 無理に答えないで，しつ問の意味をかくにんして。
- 感情的になっていない？
- 落ち着いて，まず話をよく聞いて。
- 自分の意見にこだわりすぎていない？
- 折り合うためには，よいだきょう点を見つけること。
- みんなに分かってもらえなくても大丈夫？
- 正しいと思ったら最後まで意見を伝えよう。
- 意見が話し合いからずれていることを伝えよう。
- その意見，見当ちがいじゃない？
- あわてないで予想を生かして切り返そう。
- あい手とのちがいをちゃんと見つけて。
- 話を続けず，一度切って，考え直してみよう。
- 反対のことを言われたらどうしよう？
- 自分の意見とどうつながるの？
- 言いたいことが分からなくなってきた？

あせらない！むきにならない！ぶれずに話し合いをしながら，
自分の意見がさらによくなっていくのが**ベスト！**

12. インタビューメモの作り方を知ろう

ポイントシートのねらい

　インタビューに出かける時に，事前に作成するインタビューメモのモデルと作成ポイントを示したものです。メモを作ることではっきりとした目的をもってインタビューに出かけることが出来，必要な情報を得ることが出来ます。

ポイントシートの解説

　インタビューメモに入れる要素として，「目的」，「聞きたいこと」，「態度や言葉づかい」があり，これらの３つの要素をポイントとしてバインダーの右側に示しています。そのポイントは，以下のようになります。

【インタビューメモの作り方の３つのポイント】

要　素	ポイントの内容
①目的	・インタビューに出かける時には， 　その目的を明確にすることが大切である。 ・目的を明確にすることで， 　インタビュー先で聞きたい事柄がはっきりとし，必要な情報を得ることが出来る。
②聞きたいこと	①聞きたいことを， 　情報として得るために，聞きたい事柄を多めに書き出しておくことを示している。情報として得たい事柄をより多く用意しておくことで，インタビュー先で自ら選択して聞くことが出来るからである。 ②聞きたい事柄を書き出す時に， 　最も聞きたいことには「◎」，できれば聞きたいことには「○」の記号を付けておく。そうすることで，自分が必要としている情報を自己認識した上でインタビューをすることが出来る。 ③現場でインタビューする時には， 　書き出している事柄を順番に聞くのではなく，相手（インタビュイー）の話を受けて聞くことが必要であることを示している。また，相手（インタビュイー）の話を聞く中で，さらに聞きたい事柄が出てきた場合は，進んで聞くことも大切である。
③態度や言葉づかい	・インタビューに出かけた時に， 　相手（インタビュイー）に失礼のないよう，聞き手の態度や言葉遣いに気を付けることが大切である。そのことを確認するためにインタビューメモに書き出しておく必要があることを示している。

ポイントシートの活用法

　インタビューに出かける時には，インタビュー先に応じ右側の「ポイント」を利用してインタビューメモを作成してください。聞きたい事柄の内容に応じて◎○△等，聞きたいことの重要度に応じて記号を工夫します。

インタビューメモの作り方を知ろう

インタビューするために，メモを作って準備をしましょう。メモは，いろいろな形式があります。ここでは，ポイントを使ってインタビューメモを作ってみましょう。

【インタビューのポイント】◆スーパーマーケットで調べるときのインタビューメモの作り方の例◆

◆メモの例◆

【インタビューメモ】　　年　組　名前（　　　　　　　）
◆インタビューする日　　○月○日○曜日　○時～○時
◆インタビューを受けてくれる人　〈○マーケット△支店長〉
【目的】・スーパーマーケットでよく売れている品物やたくさんの品物を売る工夫について聞く。

【インタビュー】

〔聞きたいこと〕	〔聞いたこと〕
①たくさん売るための 　くふう 　◎品物の置き方 　○宣伝の仕方	①…………… ◎ ○
②一番売れる品物 　◎種類 　○売れる数 　○売れる時間	②…………… ◎
③売れる品物の種類 　○季節との関係	④…………… ◎
④…………… 　◎…………… ⑤……………	⑤………………

【インタビューするときの態度や言葉づかい】
・はじめのあいさつ，お礼のあいさつをする。
・ていねいなことばで聞く。
・はっきりとした声で聞く。
【質問するときに気をつけること】
・質問して分からなかったことやもっと知りたくなったことを進んで聞こう！
・質問したいことを考えていても，話の流れで質問の順番をかえよう！
・目的とずれた質問はしないようにしよう！
・相手の方が調べないと分からないことは聞かないようにしよう！

◆メモを作るときのポイント◆

ポイント

【はっきりした目的を書く】
・どんな目的でインタビューに出かけるか，はっきりとさせておくことが大切です。

【聞きたいことを書き出しておく方法】
1. 聞きたいことを多目に用意しておき，えらんで聞くことができるようにする。

2. 聞きたいことに記号をつけておく。必ず聞きたいことと，できたら聞きたいことに分けて記号をつけておくとよい。
　◎は，絶対に聞くこと
　○は，できたら聞くこと

3. インタビューを受けてくれる人の話に応じて聞く。

【相手に気持ちのよい態度や言葉づかい】
・インタビューを受けてくれる人に対して，気持ちのよい態度や言葉づかいについて，気を付けることを書いておく。

【インタビューを受けてくれる方の話の内容をよく聞く】
・質問するときに，心がけておくことを書き出しておく。

13. 上手に話すためのスピーチ原稿利用法

ポイントシートのねらい

スピーチ原稿の形式を３つの種類に分けてそれぞれのメリット・デメリットを整理したものです。学校生活の様々なスピーチ場面に応じた原稿形式を効果的に活用します。

ポイントシートの解説

１分間スピーチ，報告，紹介など，ある程度の分量を話す場面を想定してスピーチ原稿の活用法を示しています。それぞれの状況に合わせて，上手にスピーチするためにフル原稿，アウトライン原稿，データ原稿を使い分けましょう。

●フル原稿の活用法と問題点

フル原稿は分量の多いスピーチや考えを正確に伝えたい時のスピーチに効果的です。スピーチ原稿の書き方に慣れたり，原稿に頼りすぎないスピーチを行うための練習をしたりする時には，効果があります。音読に陥らないための工夫として，１行を10文字程度にしたり，フェルトペンで書いたりすることも出来ます。

●アウトライン原稿の活用法と問題点

アウトライン原稿は，フル原稿を読み上げる時の不安に比べ，聞き手を見ながら話すことが出来るので説得力が増します。また，聞き手の反応を見て言い方を変えるなどの応用も出来ます。しかし，話す内容の要点を，キーワードで表すので，場所の広さや相手の人数などスピーチ場面をイメージしたリハーサルで補うとよいでしょう。

●データ原稿の活用法と問題点

データ原稿は，話す内容として，数値などが重視される場面で活用されます。原稿を持たないスピーチなどでは，複雑なデータや資料をメモ用紙に書いておくことが必要です。

様々なスピーチ場面に応じて，原稿のメリット・デメリットを考え，選択することが大切です。

ポイントシートの活用法

中学年まではまずフル原稿のよいところを生かしたスピーチにチャレンジしましょう。スピーチに慣れてきた段階にはフル原稿からアウトライン原稿に書きかえたり説得力のあるスピーチをめざしたりするのもよいです。データ原稿をビジュアルとして，聞き手に見せたり，分かりにくい時には配布物として用意したりするのも工夫の１つです。

(参考文献：井上一郎著『話す力・聞く力の基礎・基本』／井上一郎編著『話して伝わる，聞いて分かる　話す力・聞くの力の基礎・基本を育てる―小学校―上巻』『学年と学期に応じた　話すこと・聞くことの基本の能力の育成―中学校―』)

上手に話すためのスピーチ原稿利用法

多くの人の前で筋の通った内容を話すことは，苦手だと感じることもあるでしょう。筋道をはっきりさせるために，原稿や話し方を変えてみるのも工夫の１つです。スピーチ原稿には，フル原稿，アウトライン原稿，データ原稿があります。それぞれの利点や注意点を紹介します。

フル原稿（話す内容全文を書いたもの）

どんなときにべんりかな？

・はじめてスピーチをするとき
・話す（伝えたい）内容が多いとき
　全ての事柄を順序立てて読み，練習することである程度暗唱することもできる。
・大事なことを報告するとき
　原稿を書くことで内容が整理でき，自分の考えを確認することができる。

でも，こまったことも…

・練習しても，ついつい読んでしまう。
・原稿を読もうとして，下を向いてしまう。
・同じ調子になり主張が伝わりにくい。

それぞれのメリット・デメリットをいかそう

アウトライン原稿（話の構成にそって柱だけ書いたもの）

どんなときにべんりかな？

・プレゼンテーションなどをするとき
・相手を説得したいとき
　考えがまとまっているので，堂々と話したり，聴衆に合わせて変えたりできる。
・相手に強い印象を残したいとき
　相手を見ながら話すことができるので，目力やパフォーマンスで表現することができる。

でも，こまったことも…

・きんちょうしたときに混乱してしまう。
・その場で言葉をつなぐことがむずかしい。

データ原稿（話の中で使う数値やデータを書いたもの）

どんなときにべんりかな？

・原稿を持たないでスピーチをするとき
・数値や情報を正確に伝えたいとき

でも，こまったことも…

・つなぎ言葉を選ぶのがむずかしい。
・図や表やグラフをその場で言葉におきかえられない。

> フル原稿はアウトライン原稿やデータ原稿に書きかえることもあるよ。

> これがフル原稿の例だよ。

フル原稿からアウトライン原稿へ書きかえるときに気をつけること

・重要な言葉や数字（キーワード，キーセンテンス）は色を変えたり，しるしをつけたりして自分にわかりやすくする。
・フル原稿の小見出しを手がかりに柱だてをしていく。

> フル原稿を何度も読み込んでアウトライン原稿で発表することに自信をもとう！

> アウトライン原稿の例を見せるね。

フル原稿の例（時間　30秒／注意すること）：

わたしは、マンガ本を読むことより、テレビを見ることがすきです。理由は、二つあります。一つ目は、テレビに出てくる人などには動きがあるからです。たとえば、走っている人、泳いでいる人などです。

アウトライン原稿の例（10:00〜10:05　はじめ（5分））：

一／二／三 要するに／4／5／6／7／8　…だろうか。

14. 自分の考えを分かりやすく伝えるためにはどうすればいいの？

ポイントシートのねらい

　聞き手に分かりやすい伝え方として，事例や理由を含めた展開部の構成の工夫についてまとめたものです。全体構成についても簡単に示しています。構成例の中から４つ選び，その中の２つを活用したスピーチ例も紹介しています。

ポイントシートの解説

① 構成を意識せず，伝わりにくい話し方になっている例

　児童がつまずきやすい，伝えたい事実を思いついたまま話してしまう「分かりにくい話し方」を示し，構成を工夫することの有効性に目を向けるようにしました。

② 展開部の構成の仕方

　聞き手によく分かるように伝えるための工夫に，展開部における理由やそれに関係する事例の挙げ方があります。その内容のいくつかを，下の表にまとめてみました。

部分 ＞ 全体	全体 ＞ 部分	身近 ＞ 一般	一般 ＞ 身近
事実 ＞ 考え	考え ＞ 事実	易しい ＞ 難しい	
比較 ＞ 結論	結論 ＞ 比較	原因・理由 ＞ 結果	

　理由や事例を含む構成は，意図をもって組み立てられなくてはなりません。ポイントシートでは，教材文などでよく見られる構成例として４つ取り上げました。

③ 構成の工夫により，よくなった２つの話し方の例

　紹介した２種類の構成「全体」→「部分」と，「事実」→「考え」を用いて，よくなった話し方を示しました。直してよくなった点についての説明もしています。伝えたい事実が同じでも，構成の違いによって聞き手の受ける印象が変わることがあります。話す相手や目的によって，話の組み立て方を選ぶことは大切であると言えます。

ポイントシートの活用法

　よくない例を活用しながら，理由や事例を整理し，伝えたい事実がはっきりと分かるように，書かせる工夫が出来ています。「テーマの一貫性」は，原稿の善し悪しを判断する基準の１つになります。

自分の考えを分かりやすく伝えるためにはどうすればいいの？

４年生になってクラブに入ったんじゃが，かぶきクラブが楽しくてしようがない。みんなにその楽しさを伝えたいんじゃが，どうも相手にそのことがうまく伝わらない。例のあげ方が悪いのか，話の組み立て方が悪いのか……。どう話したらよいか教えてくれぬか。

あなたがどのように話したのか，まずは聞いてみましょう。

事例や理由をあげているのに話の組み立てがよくない例

　四年生になって、クラブ活動が始まりました。かぶきクラブでは、かぶきの表情を習って、実際にやってみました。ビデオで本当のかぶきの先生を見て、「にらみ」や「みえ」をします。かぶき役者の先生が来てくれました。きのう、にらみをしたらできました。ぼくが入っているかぶきクラブは、日本の文化にふれたり、歴史を学んだりします。

おやおや，話したいことがたくさんあるようですね。でも，このままではかぶきクラブの楽しさは伝わってきません。事例や理由を整理し，順番を工夫して話してみてはどうでしょう。例えば，次のような組み立てで話してみてはいかがですか。

理由や事例の組み立て方の一例

例① 全体 ＞ 部分

例② 事実 ＞ 考え

例③ 易しい ＞ 難しい

例④ 身近 ＞ 一般

《はじめに全体、それから部分について話す》

　クラブ活動のしょうかいビデオで、一番楽しそうだと思ったかぶきクラブに入ることにしました。
　かぶきには、独特の所作があります。みえやにらみを教えてもらった日、鏡に向かって何度もやってみました。また、くまどりというおけしょうみたいなのを、本物のかぶき役者の先生にやってもらいました。本当の
（写真を指さしながら）これがぼくです。
　…（略）…
かぶきクラブは、毎回本当に楽しいです。

《事実を述べてから、考えを伝える》

　クラブの案内がありました。おもしろそうな衣しょうで演技をしていたのが気になって、かぶきクラブに入りました。
　活動が始まりました。みえやにらみを、何と本物のかぶき役者の先生から教えてもらいました。また、本物のかぶきをビデオで見ながら、日本の文化について習いました。…（略）…活動を重ねていくうちに、かぶきのおもしろさが分かってどんどん楽しくなっています。
　次のかぶきクラブが待ち遠しくてたまりません。

右は，実際の活動を順を追って話すことで，かぶきクラブを楽しむ様子がよく伝わるようになりましたね。左は，かぶき独特の所作をくわしく話していくことで，かぶきクラブの楽しさが，より伝わるようになりました。２つとも直してよくなりました。

15. 図・グラフ・表・写真などを使って，分かりやすく伝えよう

ポイントシートのねらい

　よりよい発表にするために，図・グラフ・表・写真をどのように配置すればよいか分かるようにまとめたものです。発表原稿の中での位置付けが分かるように原稿形式を示しています。

ポイントシートの解説

〈図・グラフ・表・写真の効果的な活用について〉

　ここでは，発表原稿の文言に合わせて，地図，写真，進行表，グラフを提示し，なぜその資料をここで使うと効果的なのかを最後の段で示しています。

資　料	どんな時に使うと効果的か
地図	☆場所の全体像を把握してほしい時 ☆聞き手が部分的にしか思い出せない，その場所を知らないことが予想される時
図	☆矢印などの記号や形で表すことで，ポイントを絞って説明したい時 ☆言葉だけでは説明が長くなり，理解が難しいと予想される時
写真	☆言葉だけでそのものや様子を説明することが難しい時 ☆聞き手と詳細にイメージを共有したい時
表	☆共通の項目ごとに段組みをして整理すると，共通点や相違点が明確になる時 ☆目と耳の両方で理解しながら聞いてほしい時
グラフ	☆結果が数値で表される時 ☆どれくらい差があるのか，どんな傾向があるのか視覚的につかませたい時

〈発表原稿の形式について〉

●発表原稿は段組みで作成するのが普通なので，上段から「展開」「時間」「画面」「話す内容」

　の段を設けています。それぞれの段の役割等については，以下の通りです。

- ・「展開」の段では，「始め―中―終わり」の構成を意識させます。
- ・「時間」の段では，制限時間を意識させます。（通常話す速さの目安―1分間300字）
- ・「画面」の段では，どのタイミングで何を見せながら話すとよいか考えさせます。
- ・「話す内容」の段では，話し言葉の原稿と，ト書きを書くことで，全体の流れを考えさせます。

●原稿は，大きな字でサインペンなどを使って書くようにします。

●重要語を意識出来るように，改行したり，重要な数値に〇を付けたりするとよいでしょう。

ポイントシートの活用法

　図・グラフ・表・写真を挿入することによってどのような効果があるのかを実感するように下段の解説文を基に考えさせます。なぜこのところで地図を使ったのか，それによってどんな効果が得られるのかなどを話し合わせましょう。また，発表原稿をつくるポイントが明確になるよう，発表原稿で気が付いたことを話し合わせることも大切です。

図・グラフ・表・写真などを使って，分かりやすく伝えよう

友達の発表を聞いて，図やグラフ・表・写真などをうまく使っているなと思ったことはありませんか？　どんな時に何を使うと分かりやすく伝えられるのかな。

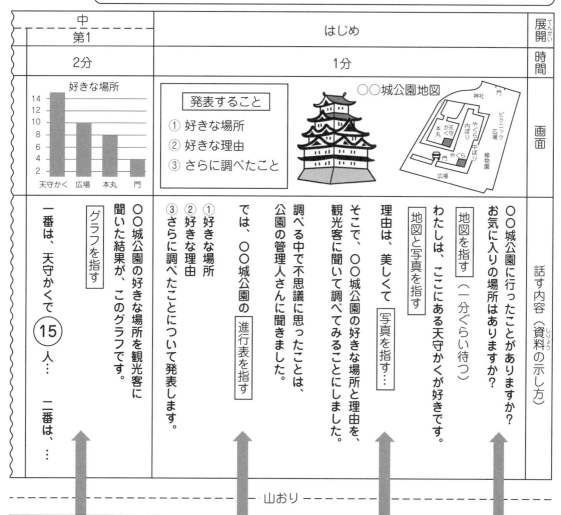

展開	時間	画面	話す内容（資料の示し方）
はじめ	1分	○○城公園地図／発表すること ① 好きな場所 ② 好きな理由 ③ さらに調べたこと	○○城公園に行ったことがありますか？ お気に入りの場所はありますか？　**地図を指す**（一分ぐらい待つ）　わたしは、ここにある天守かくが好きです。　**地図を指す**　理由は、美しくて　**写真を指す**　地図と写真を指す　そこで、○○城公園の好きな場所と理由を、観光客に聞いて調べてみることにしました。　調べる中で不思議に思ったことは、公園の管理人さんに聞きました。　では、○○城公園の　**進行表を指す**　① 好きな場所 ② 好きな理由 ③ さらに調べたことについて発表します。
中 第1	2分	好きな場所（グラフ：天守かく 15、広場 10、本丸 8、門 4）	○○城公園の好きな場所を観光客に聞いた結果が、このグラフです。　**グラフを指す**　一番は、天守かくで ⑮ 人…　二番は、…

— 山おり —

グラフ
数値の結果は，グラフがあると，一目で伝わります。
どれくらいちがいがあるのかや，特ちょうもつかみやすくなります。

進行表
何について話すのかを進行表にまとめて話すと，聞き手によく伝わります。
最後まで見通しをもちながら話すこともできます。

写真
写真を使うと，全員が同じようすを思いうかべることができます。
言葉では伝えにくいことも伝えられます。

地図
場所について説明する時には，全体が分かる地図があると，聞き手がイメージしやすいです。

ポイントシートのねらい

話し言葉の原稿で考えられる5つの悪文例を示し，改善する事例を示しています。それぞれの鉛筆の上側には悪文例を示し，下側で悪文例の問題点を指摘しました。次の五角形で書き直しの視点を示した上で，一番下の二重線四角には具体的な改善文例を示しています。

ポイントシートの解説

リハーサルでは，以下の5つの観点から見直すことにします。

● 1文が長くて分かりにくい文を分ける

1文が長いために，文の前半と後半で意味がつながらなくなったり，複数の事を伝えようとしてもそれぞれのつながりや優先順位が分かりにくくなることがあります。この場合は，文を言いたいことごとに分けることで，言いたいことの中心が明確で分かりやすい文になります。

● 文末表現を揃える

文末表現によって，聞く側の印象は変わります。伝えたい内容や意図に応じて文末の言い方を意識的に使い分けるとともに，表現を揃えることで効果的な表現にすることが大切です。

● 同音異義語に注意し，意味の違いが分かる言葉を用いる

音声のみで聞く場合には同音異義語が近くにあると，理解しにくくなる場合があります。リハーサルで声に出すことで問題点に気付き，意味の違いが分かる文にすることが大切です。

● 文のねじれに注意し，言いたいことを正確に伝える

文の前半と後半のつながりが悪いと，言いたいことが伝わりにくくなります。主語と述語のつながりがねじれないよう注意することで，分かりやすい文にします。

● 話の中心が明確になるよう話の構成を考える

「誰が」「誰に」「何を」「どうした」などの話の構成を簡潔にして，聞き手にとって話の中心が分かりやすくなるようにします。

ポイントシートの活用法

悪文例と吹き出しの内容を関連させて学習した上で，「同様の問題はないか」という意識でリハーサルをします。文例のような問題点があった場合には，書き直しの視点を参考に原稿を書き直します。この文例以外にも分かりにくい文が見付かった場合は，「なぜ分かりにくいのか」「どのように書き直せばよいのか」を考える学習につなぐことが効果的です。

(参考文献：井上一郎著『話す力・聞く力の基礎・基本』『誰もがつけたい説明力』)

リハーサルをしてよりよい原稿に書き直そう

リハーサルは，本当の発表のようにやってみて，工夫するところや直すところを見付け，練習して上達するために行います。気が付いたことを原稿に書き加えたりメモしたりして，本番に生かしましょう。

健康のためには、好きなものをむしろ制限し、嫌いなものを食べるというようにバランスをよくすることが大切です。

1文が長くて分かりにくいな。

言いたいことを分けて伝えよう

健康のためにはバランスよく食べることが大切です。好きなものを制限し、嫌いなものをよく食べるようにしましょう。

明日は遠足なので、雨が降らないかと心配しています。もし、雨だったら外で遊べないのだ。

文末の言い方が違っているね。

文末の言い方をそろえて、伝えよう

明日は遠足なので、雨が降らないかと心配しています。もし、雨だったら外で遊べないからです。

長い間停まっていた鉄道が再開され動き出しました。約束の場所で二人は再会できました。

同じ読み方の言葉があって、間違いそうだな。

意味の違いが分かる言葉にしよう

長い間停まっていた鉄道が動くようになりました。時間に間に合ったので、約束の場所で二人はもう一度会うことができました。

いつも帽子をかぶっているのは、太陽の光が強くてまぶしいと思います。

理由を言いたいなら、最後まで述べないと。

文末がねじれないようにしよう

いつも帽子をかぶっているのは、太陽の光が強くてまぶしいからです。

わたしは、山口さんの友達の井上さんに山口さんが大好きな犬の話をしました。

何が言いたいのかが分からないよ。

「誰が」「誰に」「何を」したのかが、分かるようにしよう

わたしは、山口さんの友達の井上さんに話をしました。その話は、山口さんが大好きな犬の話です。

---

17. 話し合いが上手になるために振り返ろう

ポイントシートのねらい

　代表的な対話の形式である協議や討論の話し合いを行った後に振り返る観点をポイントシートとしてまとめたものです。話し合いの進行に従って，司会者と出席者がそれぞれの立場で振り返り，評価出来るようになっています。また，上手な話し合いをするためのポイントとして示し，話し合いを活性化することにも役立ちます。

ポイントシートの解説

① 評価の仕方

　上手な話し合いをするためのポイントを「協議」と「討論」に分けて示しています。話し合いが終わった後，よく出来た項目の前にある□にレ点を書き入れ，２段階評価を行います。その際，「協議」なのか「討論」なのか，「出席者」なのか「司会者」なのか，自分がどの立場かということをよく理解して自己評価させましょう。

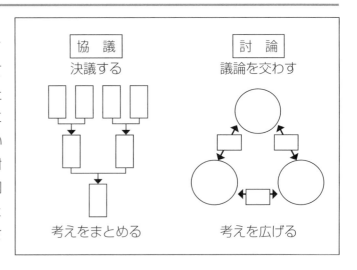

② 協議と討論の違い

　一定の考えに同意しながらまとめる「協議」と，各自の考えを議論し総括する「討論」では，プロセスの「３　話し合い」と「４　決議・総括」に大きな違いがあります。話し合う前に事前指導を行って，意識させるとよいでしょう。話し合いでは，司会者の果たす役割が大きいと言えます。特に中学年では，一人一人が司会を経験をする機会を設けることが必要です。

ポイントシートの活用法

　ポイントシートの上段と下段を分け，２枚のカードとして活用します。協議と討論，出席者と司会者で使い分けられるように，手順を説明しましょう。児童は出席者になる時と司会者になる時があるので，それぞれの立場で繰り返し使いこなしていくことが定着につながります。

　低学年で活用する場合はチェック項目の数を減らし，高学年なら，これらの項目のより高度なものを評価させるとよいでしょう。

話し合いが上手になるためにふりかえろう

話し合いが終わったらチェックしてみよう！

よくできたら　□に
レ点を書きこもう！

協議チェックシート

出席者	協議チェックシート	司会者

出席者		司会者
□①目的をはっきりさせた □②自分の考えをまとめた	**1 準備**	□①目的をはっきりさせた □②進行表をかくにんした
□③進め方をりかいした	**2 開会**	□③開会のあいさつをした □④進め方のせつ明をした
□④自分の考えを発表した □⑤自分の考えとくらべながら聞いた □⑥司会者のしじにしたがった □⑦さんせいや反対の理由をのべた	**3 話し合い**	□⑤時間配分を考えて進めた □⑥考えやていあんを分るい・せい理した □⑦ふく数の考えを少数にしぼった □⑧1つの考えにまとめた
□⑧決まったことをかくにんした	**4 決議**	□⑨結ろんを1つにしたことをかくにんした
□⑨さんかの仕方をふりかえった	**5 閉会**	□⑩閉会のあいさつをした □⑪司会の仕方をふりかえった

討論チェックシート

出席者	討論チェックシート	司会者

出席者		司会者
□①目的をはっきりさせた □②自分の考えをまとめた	**1 準備**	□①目的をはっきりさせた □②進行表をかくにんした
□③進め方をりかいした	**2 開会**	□③開会のあいさつをした □④進め方のせつ明をした
□④立場をめいかくにして発表した □⑤しつ問したり答えたりした □⑥はば広く考えを出した □⑦相手をせっとくする話をした	**3 話し合い**	□⑤時間配分を考えて進めた □⑥意見のそういをめいかくにした □⑦はば広く意見を出させた □⑧つねにろん点をめいかくにして問いかけた
□⑧考えの深まり・広がりをかくにんした	**4 総括**	□⑨どんな意見が出たかを分るい・せい理した
□⑨さんかの仕方をふりかえった	**5 閉会**	□⑩閉会のあいさつをした □⑪司会の仕方をふりかえった

18. たくさんの人の前で話そう

ポイントシートのねらい

　全校児童の前などで発表することを想定し，実際にステージに立った時に意識させるものを３つに絞って，まとめたものです。内容のまとまりや中心になることを意識して作成した原稿の主張を明確に伝えるためのポイントです。

ポイントシートの解説

　会場図に合わせて大勢の前で発表する際のポイントを，「心構え」「発表開始後の表情」「発表開始後の話し方」からの視点で示しています。ここでは，○○○や😵と対応しています。

① 心構え→ 緊張しないで話そう
　　・練習してきた時の様子を思い起こす。😵
　　・話し始める前に，聞いている児童の顔を見て大きく深呼吸し，間をとる。
　　・冒頭部分は，ゆっくりと始める。
　　・一人一人に話しかけるように話す。😊

② 発表開始後の表情→ 伝わっているかな？　確かめよう
　　・話し始めたら，自分自身の視線，声の大きさ，聞き手の表情の確認をする。😃
　　・聞き手の反応に合わせて，ほほえむ，頷く，間を開ける，呼びかける。😊

③ 発表会開始後の話し方→ 聞く人の印象に残る話し方をしよう
　　・エピソードに入る前に間をあけ聞き手への注意喚起を行う。
　　・エピソードは，内容に合わせた表情や話し方や声の大小，高低を付ける。😃
　　・ジェスチャーなどの視覚的効果でポイントを絞って強調する。

　児童の特性や関心といった実態に合わせて，😵のついていないポイントも活用して助言しましょう。指導と児童の表現の幅が広がります。

ポイントシートの活用法

　「体育館で発表した時，緊張したことはないかな？　その時に，見るんだよ。」と経験や体験を想起させましょう。実際の発表では，原稿どおりに発表することはありません。聴衆の反応に応じた発表を行うための具体例として示してください。また，自己評価，相互評価を行う際の観点としても利用出来ます。ここで示されていることが出来ている児童は，「○○が出来ているよ。聞いている人が引きつけられていたよ。」としっかりと称賛するとよいでしょう。

たくさんの人の前で話そう

高学年になると，大勢の前でスピーチすることがあります。大勢になるといろいろな人がいます。どんな人にも印象に残るスピーチを心がけましょう。

みなさん，考えたことがありますか？

You can do it！
（君ならできるよ）

Just do it.
（やってみよう）

緊張しないで 客席に目を向けて 相手の気持ちを考えて

緊張しないで話そう

 ・たくさんいても1対1と思えばいいよ。

 ・練習してきたのだから自信をもって。

Take it easy！
（落ち着いて）

Good luck！
（がんばってね）

伝わっているかな？　確かめよう

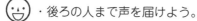

・後ろの人まで声を届けよう。

・いろんな人を見ているかな。

・相手が考えている間を十分に取ろう。

聞く人の印象に残る話し方をしよう

 ・エピソードを使って，分かってもらおう。

・キーワードはくり返そう。

・表情は内容に合わせて使い分けよう。

Go for it！
（がんばれ！）

Keep going！
（その調子で）

seriously
（真剣に）

humorously
（ユーモアたっぷりに）

sadly
（悲しそうに）

19. 司会者とパネリストの役割を考えてディスカッションしよう

ポイントシートのねらい

　パネルディスカッションの基本的な流れと，その流れに沿った司会者（コーディネーター）とパネリストの役割が分かるようにまとめたものです。

ポイントシートの解説

　パネルディスカッションは，代表の人（パネリスト）が4〜5人前に出て意見を述べ，他の人（フロア）は，その話し合いを聞いて質問をしたりしながら話し合いに参加する方法です。パネルディスカッションの流れやそれぞれの役割は多様ですが，このポイントシートでは，この課題を解決するための基本的な流れと役割を示しました。

パネルディスカッションの流れ	コーディネーターの役割	パネリストの役割
① 様々な考え方があり，話し合いの必要性を感じるテーマを設定する。 ② コーディネーターにより，進め方とパネリストの紹介をする。	・パネリストの考えを引き出すように質問をしたり，話題を投げかけたりしましょう。	・パネリストは，その考えの代表として，議論をします。事前にしっかり調べておきましょう。
③ 意見の違いが分かるように，簡潔にそれぞれの考えを述べる。	・フロアがよく分かるようにパネリストの考えの相違を明確にして整理しましょう。	・調べたことを基に根拠を挙げ，考えを分かりやすく述べましょう。 ・例を示す等，具体的述べましょう。
④ フロアからの質問や個々の考えを聞く。	・フロアも話し合いの参加者です。意見を必ずもらいましょう。	
⑤ フロアの意見なども踏まえ，更に自分の考えを述べる。	・解決に向かうための方法を提示しましょう。	・他のパネリストの意見を聞き，違いを明確にして話しましょう。 ・主張するだけでなく，最後は解決に向かうように接点も見付けましょう。（譲歩案・代替案・妥協案）
⑥ コーディネーターが全体をまとめ，結論を確認する。	・よりよい解決や今後の展望がもてるようなまとめをしましょう。	

★テーマによっては，話し合う論点をいくつかに分け，論点ごとに④〜⑥を繰り返すこともあります。

ポイントシートの活用法

　3段に分けているので，それぞれのプロセスを確認します。今まで気付かなかったことや今後気を付けたいことを整理します。「パネルディスカッションの流れ」の欄を見て，全体でどのように進行していくか，注意することは何かなどを共有するようにします。コーディネーター，つまり司会の役割とパネリストとして討論する時の目標を明確にするようにします。これらを話し合う前に十分明確にしておくとパネルディスカッションがスムーズにいきます。

司会者とパネリストの役割を考えてディスカッションしよう

パネルディスカッションは，公開討論会の1つです。
司会者（コーディネーター）もパネリストも役割に沿
って，いろいろな意見が出るように工夫しましょう。

 コーディネーター

 パネリスト

パネルディスカッションの流れ

①話し合う**テーマを確**認しよう。

②**パネリス
ト**を紹介し
よう。

④フロアを加えて**全体討論**をしよう。

⑥**司会者は全
体のまとめを**しよう。

③パネリスト
は**意見を発表**しよう。

⑤**パネリスト
は，それぞれ
のまとめを**しよう。

コーディネーターの役割

○**進行**
パネリストの役
割を果たしても
らえるように進
行しよう。

○**ポイントの整理**
意見の共通点と相違
点を明確にし，ポイ
ントを要約したり概
観したりしよう。

○**フロアの参加**
フロアからの意
見を必ずもらお
う。

○**方法の提示**
意見を整理する
方法を示そう。

パネリストの役割

・**話す内容**
具体的に分かり
やすく話そう。

・**意見を聞く**
他の発表者の意
見を聞いて接点
を見つけよう。

・**解決に向けて**
議論が進み，解決に
向かう段階では，「じ
ょう歩」「代替」「妥
協」案を考えよう。

・**代表として**
同じ考えをもつ
人の代表として
提案しよう。

・**根拠を明確に**
自分の意見を述
べるために，よ
く調べて根拠を
明確にしよう。

・**主張を明確にして**
考えの特色や他の考えと
どう違うのかを考えて，
意見や提案，主張を明確
にして発言しよう。

20. 資料を見せながらプレゼンしよう

ポイントシートのねらい

　一目で理解できるプレゼンの資料の示し方について，５つのポイントに分けて書いたものです。ここで言う資料とは，表やグラフ，図，写真，実物のことを指します。

ポイントシートの解説

●プレゼンする時には，複合的に資料を用います。その複合的な資料の，それぞれの特性をよく理解をして，相手に伝わるように工夫することが大切です。

① 「大事なところを伝えるようにしよう。」→余計な情報は省きます。

　たくさんの情報が載っているとどこに注目すればよいかが分かりません。余計な情報を省くことで，伝えたいことが分かりやすくなります。

② 「変化が分かるようにしよう。」→傾向が分かる資料にします。

　話を聞きながら，資料を見る時にはじっくり読み取ることが出来ません。そのため，文字情報ばかりでは，変化が伝わりにくいです。数値に変化があるものは，表よりもグラフにし，傾向を捉えやすくします。

③ 「情報に合わせてグラフの種類を選ぼう。」→全体に占める割合が分かるようにします。

　棒グラフでも，各項目の数値は分かりますが，全体に占める割合を捉えるには不向きです。費用や年齢別の来館者数など，円グラフを選んだ方が全体に占める割合を一目で伝えることが出来ます。そうすることで，自分の伝えたいことに説得力が増します。

④ 「目的に合わせて表やグラフを選ぼう。」→複数の情報はグラフにまとめます。

　表でも，変化を捉えることは出来ます。グラフにすることでそれぞれの傾向が分かりやすくなり，それぞれの情報を比較や関係付けした説明がより分かりやすくなります。

⑤ 「伝わりやすい図を選ぼう。」→地図に直接数値を書き入れます。

　地域名と数値を一度に見ることが難しい場合があります。表を地図にし，直接数値を書き込むことで，それぞれの地域をイメージしながらプレゼンを聞くことが出来ます。

ポイントシートの活用法

　このポイントシートを使う時には，児童がポイントシートの Before をよく理解出来るようにします。また，「今日は『２．変化が分かるようにしよう。』を見ましょう。」とポイントを絞って活用することも可能です。繰り返しポイントシートで確認をしながら活用するとよいです。

資料を見せながらプレゼンしよう

 今度，国語の授業でみんなに資料を見せながら発表することになったんだ。でも，どんなふうな資料が見やすいのかな？

聞く人たちは，話を聞きながら見ないといけないから，パッと見て分かる資料にするといいですよ！

Before　　　1. 大事なところを伝えるようにしよう。　　　**After**

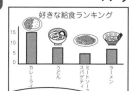
好きな給食ランキング

資料にのせることを少なくすると，聞く人たちの目がグラフにいきますよ。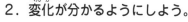

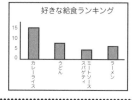
好きな給食ランキング

どれが大事か分かったよ！

どこを見ればよいかまよってしまう。

Before　　　2. 変化が分かるようにしよう。　　　**After**

文字ばかりだと，どう変わったかが分かりにくいね。

本の貸し出し冊数の変化

月	貸し出し冊数（冊）
4月	243
5月	245
6月	260
7月	277
9月	280
10月	650
11月	700

グラフにして変化が一目で分かるようにすると，自分の考えも伝わりやすくなりますよ。

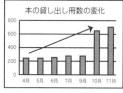
本の貸し出し冊数の変化

どう変化したか，ひと目で伝わるね。

Before　　　3. 情報に合わせてグラフの種類を選ぼう。　　　**After**

どの位の割合か分からない。

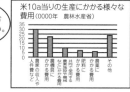
米10a当りの生産にかかる様々な費用（0000年　農林水産省）

グラフの種類を変えるだけで，伝えたい情報が，より分かりやすくなりますよ。

米10a当りの生産にかかる様々な費用（0000年　農林水産省）

費用合計 12万1720円

- 農家の収入や人件費など
- 農機具にかかる費用
- 共同で使用する農業施設や機械などにかかる費用
- 肥料にかかる費用
- 農薬にかかる費用
- その他

何にどの位の費用を使っているか，イメージしやすくなった！

Before　　　4. 目的に合わせて表やグラフを選ぼう。　　　**After**

 へちまの成長と気温の変化

	5月	6月	7月	8月	9月
気温（℃）	15	20	27	28	21
全長（cm）	25	80	400	1000	1000

グラフの方が，より2つの事柄の関係が見えてきますよ。

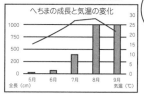
へちまの成長と気温の変化

気温がヘチマの成長に関係していたんだね！

どうやって関係付けたらいいのかな。

Before　　　5. 伝わりやすい図を選ぼう。　　　**After**

パッと見ただけでは言葉と数字を一緒に見ることは難しいな。

都道府県別の米の生産量（0000年　農業水産省）

都道府県	米の生産量（％）
北海道	62.9
青森	30.3
岩手	30
秋田	52.9
宮城	39.9
山形	41.5
福島	38.3
新潟	66.4
栃木	36.3
茨城	41.1
千葉	337

全国の米の生産量 860.3t

地図に数値を入れるだけで，イメージしながら話を聞くことができるようになりますよ。

都道府県別の米の生産量（0000年　農業水産省）

全国の米の収穫量 77.8万t

じっくり見なくても，それぞれの場所の数値を比べられるね。

21. 理由・根拠を明確にして推薦しよう

ポイントシートのねらい

推薦をするための理由や根拠を，どのようなもので示せばよいかを表したものです。理由や根拠となる情報を集める力を高めることをねらいとしています。

ポイントシートの解説

●推薦のプロセス

推薦では，次のような①〜⑤のプロセスをたどります。このポイントシートでは，「③理由や根拠となる情報を集める」を主に取り上げています。

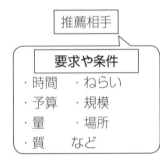

①相手の目的や要求を知る。

推薦相手 / 推薦者

要求や条件
・時間　・ねらい
・予算　・規模
・量　　・場所
・質　　など

⑤推薦する。

②推薦する人やものを決める。
③理由や根拠となる情報を集める。
　　　　　　　（ポイントシートの重点）
④情報を整理し，まとめる。

●推薦の理由や根拠となるもの

具体例として本を取り上げ，理由や根拠の主なものを示しています。本以外では，以下のようになります。

人物	事物
その人が出来ること	その物が出来ること
お願い出来ること	使用者の立場から
経歴	料金や時間，場所
専門家や有名人からの評価	専門家や有名人からの声
実際に触れあった人の声	実際に使用した人の声
人柄	製作者・制作会社のすばらしさ

ポイントシートの活用法

推薦の仕方について，店長のアドバイスを順に読むことでプロセスを確認できます。また，理由や根拠となる主なものの6つの分類表を見せ，理由や根拠となる情報を集める時にどのような言葉に注目すればよいかの参考に出来ます。

(参考文献：井上一郎編著『小学校国語　「汎用的能力」を高める！アクティブ・ラーニングサポートワーク』)

理由・根拠を明確にして推薦しよう

自分なりに理由や根拠を考えて推薦したのに相手の反応がよくないという経験をした人も多いのではないでしょうか。推薦するときには，具体的・客観的な理由や根拠が必要だと言われています。では，どのような推薦の仕方がよいのでしょう。本の推薦が上手な店員さんに聞いてみました。

まず，**相手の要求や目的をよく知る**ことです。
自分の思いだけで推薦しても，相手は困ってしまいます。相手が望んでいるものが何かをきちんと調査します。

今回のお客様は，英語の参考書を探されています。英語があまり得意ではないので，分かりやすいものがよいそうです。
私は，『図解で分かる簡単英語』を推薦することに決めました。

次に，**理由や根拠となるもの**をお教えします。

理由や根拠を用いた推薦

相手の要求や目的にそって

　この本は，イラスト付きで分かりやすいですよ。芸能人のSさんも読まれていて，英語の上達ぶりをインターネット上で公開されています。
　過去5年間の英検データを分析していて，英検の参考書としても十分に使うことができます。長く使いたいとお考えでしたら，この本がおすすめです。

本の推薦で使われる理由や根拠の主なもの

○　テーマやあらすじを　理由や根拠としている ・動物たちのゆかいなお話 ・感動の傑作ミステリー ・笑いと涙のツアー旅行 ・世界中を大冒険	○　読者の立場を考えて　理由や根拠としている ・誰が読んでも楽しい ・読み聞かせにぴったり ・読み応えのある ・今から始める人必見！
○　本の特ちょうを　理由や根拠としている ・最新版 ・決定版 ・永久保存版	○　専門家・有名人の感想を　理由や根拠としている ・小児外科の先生も大絶賛！ ・「泣きながら一気に読みました。」（女優A）
○　読んだ人の声を　理由や根拠としている ・分かりやすい！ ・「泣ける」 ・テレビで大反響!! ・待望（たいぼう）の映画化 ・13か国で親しまれる	○　筆者・作者のすばらしさを　理由や根拠にしている ・世界的科学者が，今までの常識を打ち破る新説を打ち出した！ ・〜の作者が書き下ろす新感覚ファンタジー。 ・衝撃のデビュー作！

すてきな本が見つかりました。ありがとうございました。

最後に，**推薦する時の根拠や理由の見つけ方**です。

 推薦物　 理由　　　　　　　根拠

	理由	根拠
	相手の要求や目的に合っていると考えるわけ	理由の裏付けとなる資料だれもが認める事実や証拠

相手の要求や目的に合っているかを考えて，理由や根拠を選びましょう。

22. 相手にどのように伝わっているかを考えて推敲しよう

ポイントシートのねらい

インタビューしたり調べたりしたことを基に考えをまとめて発表する時に，聞き手の立場に立って見直すためのポイントをまとめたものです。

ポイントシートの解説

伝えようとしている相手の興味・関心，また経験や立場など，どのような人かを意識して説明の仕方を見直すことが大切です。ここでは，見直す観点を10に絞りました。そして，児童にも分かりやすいように，チェック項目の下に具体的な表現例を示しています。

●聞き手に分かりやすい順序で，整理して説明する（ ☺ ）

聞き手にはどちらが伝わりやすいですか？「大まかなこと→具体的なこと」「具体的なこと→大まかなこと」,「一般的なこと→特殊なこと」「特殊なこと→一般的なこと」等。相手の分かりやすさに合わせた説明の順序になっているかを見直します。さらに「まず～を話します。次にその根拠です」「ここでは○つのことをお話ししました」と関係や話の内容を整理します。

●興味や関心，理解の程度などに合わせて表現方法を工夫する（ ☺ ）

相手はどんなことに興味をもっている？　専門的なことを勉強している人？　相手の興味や関心，理解の程度に合わせて例を挙げたり，写真や表，グラフのような視覚的な資料を準備したりします。また，「例える」「繰り返す」といった表現の工夫で相手に伝わりやすくなります。

●話しかけたり問いかけたりして，聞き手を引きつける（ ☺ ）

「みなさん～」「～しましょう」と話しかけたり，「～はどうですか」「～だと思いませんか」といったように問いかけの表現を使ったりすることで，相手の関心を高めることができます。

●明確な表現で聞き手の混乱を避けたり，強調表現で引きつけたりする（ ☺ ）

「私が言いたいことは～」と，何を一番主張したいのかが明確に分かるように整理して話したり，「～と考えます」「～にします」と言い切ったりします。また，「強く心に残っています」「感動しました」といったように，相手に自分の思いを強調して伝えます。

●相手にとって価値ある内容になっているかを見直す（ ☺ ）

相手の興味や関心，課題を踏まえた発見のある内容になっているかを見直します。

ポイントシートの活用法

自分でも，友達同士でもチェックし合う場面で項目を絞ってチェックします。チェックによって十分出来ていないことに気付いたら，どのように直せばよいのか考えさせます。

相手にどのように伝わっているかを考えて推敲^{こう}しよう

チェック
してね

インタビューしたことや調べたことをもとに考えをまとめて相手に伝えるとき，一方的な主張や説明にならないように工夫しよう。
次の10のポイントについて原稿^{こう}をチェックしよう。

- 聞き手に分かりやすい説明の順序^{きょ}になっているか。
「まず〜を話します。次はその根拠です。」「ここで述べたのは〜の2つです。」など

- 主張やポイントを整理して伝えているか。
「〜は2つあります。1つ目は〜です。2つ目は〜です。」など

- 事実や数値は聞き手に伝わるように言っているか。
「大切なのは…この違^{ちが}いです。」「1年間の伸びは，なんと…20％です。」など

- 興味や関心を高め，聞き手を引きつけているか。
「この資料を見てください。」「この2枚の写真を見てください。」「まるで〜のようですよね。」など

- 専門家でない人にも分かるように言ったか。
「これは，東京ドーム3倍の広さです。」「もう一度言うと〜。」など

- 聞き手の関心を高めるために問いかけの表現を使っているか。
「〜は，どうですか。」「〜だと思いませんか？」など

- 聞き手に話しかけるような言葉遣^{づか}いになっているか。
「みなさん〜」「〜しましょう。」など

- 明確な表現で，聞き手が混乱しないようにしているか。
「Aに決めます。」「まとめると〜と考えられます。」など

- オーバーに伝えて聞き手の意識を引きつけているか。
「〜なら〜することも可能です。」「強く心に残っています。」など

- 聞き手にとって発見のある内容になっているか。
「あなたにとって役立つ情報だったでしょ。」「興味がわいたでしょ。」など

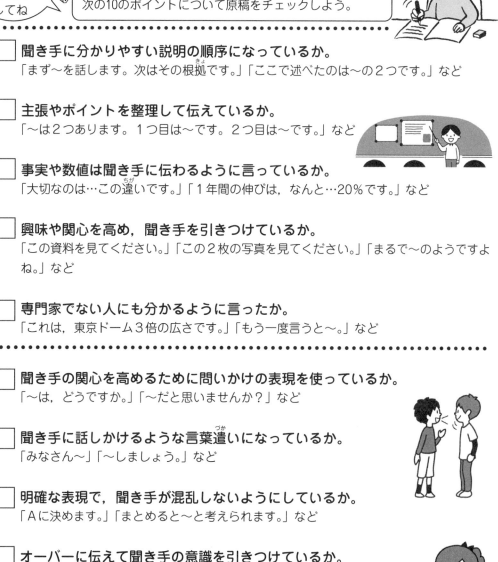

23. 話し手の意図を捉えながら聞き，
　　自分の意見と比べるなどして考えをまとめよう

ポイントシートのねらい

　相手の話を聞く際に，話し手の目的や意図を十分考慮する方法をまとめたものです。自分の考えと比べて整理したり，納得した事例を取り上げたりする工夫を示しています。

ポイントシートの解説

　話し手の意図をどのように捉えればいいかを8つのポイントで表しました。チョウのイラストの左側の羽には，考える際のポイントとなる**キーワードを含む問いかけ**を示しています。右側の羽には**問いに対して想定される児童の反応**を示すことで思考のヒントとしています。また全体を3段に分け，1段目は話し手の意図を捉えること，2段目は自分の意見と比べること，3段目は自分の考えをまとめることとして整理しています。

〈話し手の意図を捉える〉

●話し手の「立場」を考えるとともに，「段落」の分け方の工夫や「具体例」をどのように示しているのか等を意識して聞くことで，話し手の意図を捉えます。例えば，話し手がそれまでの文脈に対して賛成の立場であることが分かれば，なぜそのような意見なのかを考えるきっかけにすることが出来ます。

〈自分の意見と比べる〉

●話し手の意見について自分の意見と比べることで，「同じ考え」のところや「違う考え」のところに気付くことができます。また，「賛成したい考えや納得する考え」に注目することで，話の内容理解が深まり自分の考えをまとめることが出来ます。

〈自分の考えをまとめる〉

●話し手が「一番言いたいこと」に注目することで，話の中心を理解するとともに，自分の意見と比べることを通して自分の「考えをまとめる」ことを目指します。

ポイントシートの活用法

　相手の話を聞く際に，ポイントシートに示した3つの段のそれぞれの目的に応じて行います。授業においては，チョウの左の羽に示したキーワードを想起しながら相手の話を聞き，右の羽に示したことに気付くようにします。例えば，「段落」に注目することで全体のつながりを捉え相手の言いたいことを理解します。

（参考文献：井上一郎著『誰もがつけたい説明力』）

話し手の意図をとらえながら聞き，自分の意見と比べるなどして考えをまとめよう

相手の話を聞く時，自分の立場や聞きたいことばかりを考えてしまいますね。話の目的や自分に伝えたいことは何かなどに注意して聞きましょう

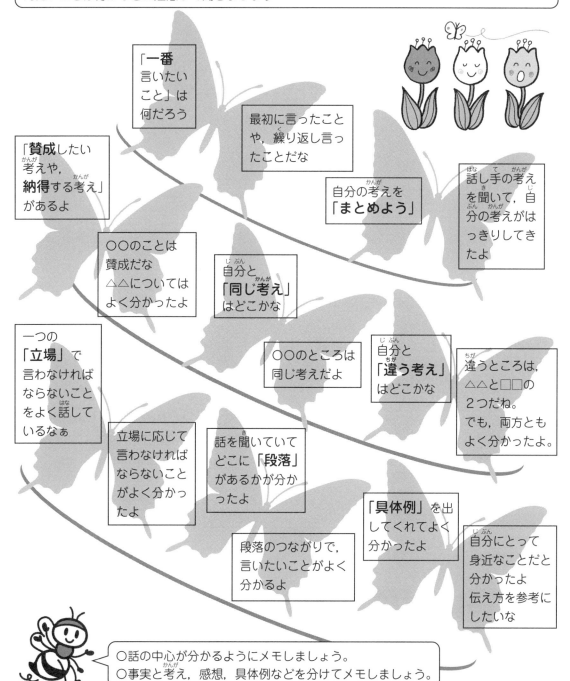

「一番言いたいこと」は何だろう

最初に言ったことや，繰り返し言ったことだな

「賛成したい考えや，納得する考え」があるよ

自分の考えを「まとめよう」

話し手の考えを聞いて，自分の考えがはっきりしてきたよ

○○のことは賛成だな △△についてはよく分かったよ

自分と「同じ考え」はどこかな

一つの「立場」で言わなければならないことをよく話しているなぁ

○○のところは同じ考えだよ

自分と「違う考え」はどこかな

違うところは，△△と□□の2つだね。でも，両方ともよく分かったよ。

立場に応じて言わなければならないことがよく分かったよ

話を聞いていてどこに「段落」があるかが分かったよ

「具体例」を出してくれてよく分かったよ

自分にとって身近なことだと分かったよ 伝え方を参考にしたいな

段落のつながりで，言いたいことがよく分かるよ

○話の中心が分かるようにメモしましょう。
○事実と考え，感想，具体例などを分けてメモしましょう。

59

24. これが大事　対話のルール　8つの基本

ポイントシートのねらい

　対話をスムーズに行い，内容を深めていくために大切なルールを示したものです。話し合いが深まらないままに終わってしまうことを防ぐためのルールを明らかにしました。また，話し合い活動で重要な役割をもつ司会力についてもポイントを示し，能力アップをねらっています。

ポイントシートの解説

　このポイントシートは3人の児童が木道に沿って歩き，対話をする際大事なことを学ぶ構成になっています。ルールは，対話がうまくいかない原因を解消するために2つの観点で分け，それぞれ4つずつに整理し，合計8つの基本とし，以下のように意図して配列しています。

8つの基本の配列について

> 基本的なこと（ステップ1）から，徐々にレベルを上げている。

　　　ステップ1→　対話をする上で心がけなければいけない基本的なこと

　　　ステップ2・3→　中学年において身に付けさせたい能力

　　　ステップ4→　必要な能力に加え他者との関係性において大切なこと

　さらに，「8つの基本」に沿って自分の課題を克服していく際に，児童がどのようなことに気を付けて活動すればよいかをイメージ出来るように，より具体的な課題を端的に示します。

ポイントシートの活用法

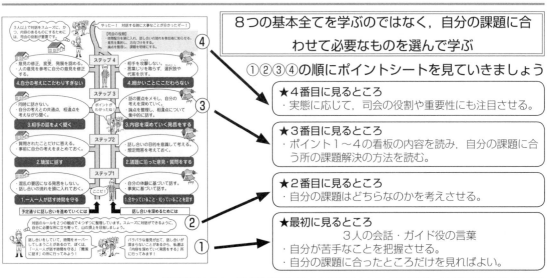

（参考文献：井上一郎「深く対話する力を身に付けよう」『教育科学　国語教育』2016年10月号）

これが大事　対話のルール　8つの基本

2人で対話する時と比べ，3人以上になるとうまくいかないことがよくあります。そこで，このポイントシートを使って3人以上で対話をする際に気を付けることを学んでいきましょう。

3人以上で対話をスムーズに，かつ，内容のあるものにするためには，司会の役割が重要です。

やったー！　対話する時に大事なことが分かったぞー！

【司会の役割】
・時間配分を頭に入れ，話し合いの流れを参加者に知らせる。
・意見を集約し，方向づけをする。
・論点を整理し，課題を明確にする。

ステップ4

・意見の修正，変更，発展を認める。
・人の意見を参考に自分の意見を修正する。

4.自分の考えにこだわりすぎない

・相手を攻撃しない。
・言葉じりを取らず，選択肢や代案を示す。

4.細かいことにこだわらない

ステップ3

・同時に話さない。
・自分の考えとの共通点，相違点を考えながら聞く。

3.相手の話をよく聞く

ポイントがわかったね！

・話の要点をメモし，自分の考えを深めていく。
・論点を整理し，相違点について集中的に話す。

3.内容を深めていく発言をする

ステップ2

・質問されたことだけに答える。
・事前に自分の考えをまとめておく。

2.簡潔に話す

・話し合いの目的を意識して考える。
・想定問答を考えておく。

2.議題に沿った意見・質問をする

ステップ1

・混乱の要因になる発言をしない。
・話し合いの流れを頭に入れておく。

ここだ！

1.一人一人が話す時間を守る

・自分の体験に基づいて話す。
・事実に基づいて話す。

1.分かっていること・知っていることを話す

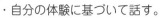

予定通りに話し合いを進めていくには　　**話し合いを深めるためには**

対話のルールを2つの観点で4つずつに整理しています。スムーズに対話ができるように，自分に必要な所に立ち寄って，山の頂上を目指しましょう。

話し合いをしていて，時間をオーバーしてしまうことがあるので，ぼくは，「一人一人が話す時間を守る」「簡潔に話す」の所に行ってみよう！

バラバラな意見が出て，話し合いが深まらないことがあるから，私達は「内容を深めていく発言をする」所に行ってみます！

25. 反論ってどんな時にすればいいの？

ポイントシートのねらい

　互いの立場や意図を明確にしながら計画的に話し合い，考えを広げたりまとめたりする際に，児童にどのような視点で反論させるかを7つに絞って書いています。ここでは，「討論」する場面においての反論の仕方をまとめているので，相手と自分との考えの違いを明確にしたり，より多くの人が納得できるような意見にしたりとクリティカルに話を聞く力を育てます。

ポイントシートの解説

　討論する際に反論するポイントは，主に次のようなものがあります。

●主張と理由が一致しない　●根拠がない　●本当かどうか分からない　●具体的ではない ●考えがせまい　●一部の人の考えしか例示されていない　●立場が明確でない ●客観的ではない　●事例が少ない　●矛盾するところがある　　　　　など

　右のポイントシートでは，その中でも，反論が難しいものを7つあげています。自分と意見が合わないことや，相手の意見に反対する際にも反論することがありますが，反論することによって相手の主張をより正当なものに近づけることも考えられます。例えば「一部の人の考えしか例示されていない」という視点で反論する場合は，「相手が主張することは，使う人の側でしか考えられていない。作る人の側で考えることも大事なんじゃないかな。」というように，また，「根拠がない」という視点で反論する場合は，「どの資料を基に自分の考えが述べられているかが示されていないから，説得力がない。根拠があればより説得力が増すよ。」というように，相手の考えをより深めることにつながります。

　このように，反論することは，議論を深めていくために大事なことであることを児童が理解，実感し，積極的に反論しようとするようにしていきましょう。

ポイントシートの活用法

　児童の実態によっては，討論をする初期段階に「根拠がない」「立場が明確でない」など，それぞれがどのような意味なのか，教師が例を示しながら少し解説することも必要になります。反論する場面の例示として教師が主張を述べ，その主張についてこの中のどの視点で反論出来そうか全員で考えてみるのも，反論する力を育てるためにはよいことです。反論するとはどのようなものか，反論することでその人の主張が妥当なものになった，議論が深まったということを実感してから，実際の話し合い活動に向かうとよいでしょう。

反論ってどんな時にすればいいの？

「反論」と聞いて，「難しそうだ」「相手の意見を否定しているようで嫌だ」などと感じる人はいませんか。反論することは，話し合いを活性化させ，よりよい結論を導き出していくためにとても重要なものなんだよ。下に示されているようなことを感じたら，反論のチャンス！　反論して，意見を深めていきましょう。

工事するしかない！

根拠

一般的

中には本当に
コンクリートが
入っているの？

根拠がない

具体的ではない

考えがあまい

本当かどうか
分からない

一部の人の考えしか
例示されていない

掘る？　掘らない？

主張　理由

主張と理由が
一致しない

立場が明確でない

こんな意見は通れません！

安全第一　　安全第一

こんなときは　反論のチャンス！

反論したあとは，そこで終わるのではなく，代わりの案を出すなどするといいですね。みんなでよりよい考えに固めていくことが大事なので，反論することが目的にならないように気を付けよう！

26. 観点を決めて活動を振り返り，これからの活動に生かそう

ポイントシートのねらい

発表した時，振り返りで必要な観点を14項目にまとめたものです。「話すための原稿」で7つ，「声に出しての発表」で7つの観点を示しています。これらを意識することで，言語表現力を高めていくことが出来ます。

ポイントシートの解説

スピーチでは，原稿作成と音声化の2ステップを大事にします。それらのプロセスを整理すると18の過程が考えられます。下表にはそれぞれの観点の趣旨を，プロセスから例として必要なものだけ選んで示しています。

話すための原稿	原稿作成のプロセス（第一段階）	
□ 目的や課題をはっきりさせ見通しをもって後の活動に取り組むこと。2・3	1	導入
□ 目的や課題に合った取材をすること。4	2	課題設定
□ 書き言葉ではなく，話し言葉の原稿として書かせること。6	3	学習計画
□ 目的や課題に合った構成及び叙述。6・9	4	取材①
□ 活動が終われば終わりというように形式的に取り組むのではなく，繰り返しながら完成に向かうこと。7	5	主張決定
	6	構成
□ 話す時に相手を意識しながら原稿を見ること。8	7	取材②
□ 伝えたいことが相手に伝わるような表現技法。8	8	叙述
	9	音声化（通し読み）
	10	推敲①（記述）
声を出しての発表	音声化のプロセス（第二段階）	
□ 時間や会場，音量など実際にどうなのか，問題点をチェックすること。11	11	シミュレーション
□ 言語外のコミュニケーションの重要性。14	12	推敲②
□ 相手に伝える意志があることを表現すること。16	13	音声化記号付け
□ 伝えたいことが相手に伝わるような技術。16	14	リハーサル
□ その場の全体性を認知・認識し，話すことの必要性。16	15	推敲③
□ 伝わったかどうかを判断するために，相手の反応を見て話すこと。18	16	発表会
□ 観点を示して振り返ることで，伸びや課題が明確になり，次の学習の動機付けになるようにすること。18	17	モニタリング
	18	相互評価・自己評価

ポイントシートの活用法

話すための原稿づくりと声を出しての発表とに分けて活用することが出来ます。時には，まとめて両方を振り返らせることもあります。必ずしも全ての観点を網羅的に扱うものではなく，単元によっては一部に特化して取り組むことも可能です。例えば，話すための原稿づくりに特化するならば，目的に応じて原稿用紙を使い分けるという観点が考えられます。

（参考文献：井上一郎著『話す力・聞く力の基礎・基本』）

観点を決めて活動を振り返り，これからの活動に生かそう

Let's check!

思いつきでスピーチの振り返りをしていませんか。観点を決めて振り返ると，できるようになったことやこれからすることがよく分かり，話す力が付きます。目的や課題に合わせて，観点を決めてを振り返りましょう。

□ に◎○△で活動を振り返ろう！

話すための原稿

- □ 目的や課題をはっきりさせて学習計画が立てられたかな。

- □ 話したいことに合った必要な取材ができたかな。

- □ 目的に合わせて，原稿の種類を選べたかな。
  （フル，アウトライン，メモなど）

- □ 発表の方法に合った構成や話し方の原稿を作れたかな。

- □ 原稿を一度作った後，必要な再取材ができたかな。

- □ 原稿の文字は大きく，太くなっていたかな。

- □ 聞いている人を引き付ける言葉や強調のくり返しが入っていたかな。

声を出しての発表

- □ リハーサルをして修正し，発表が堂々とできる準備ができたかな。

- □ 発表場所への入り方，立ち方，出方はかっこよくできたかな。

- □ 全体を見渡したり，特定の人を見たりする目配りができたかな。

- □ 場や話に合った声の大きさ，表情はできたかな。

- □ 聞いている人の様子を見ながら話ができたかな。

- □ 伝えたいことが聞いている人に伝わったかな。

- □ 発表のよかったこと，今後がんばりたいことなどをまとめられたかな。

「どのように学んだか」も合わせて振り返ると，さらに次に生かせますね。

1. 書きたいことを上手に見付けよう

ポイントシートのねらい

やったことや見たことを思い出して，書きたいことの中心となる題材を見付ける方法をまとめたものです。題材は身近なことを素材にすると書きやすくなります。今回は学校行事の1年間を示しています。思い出せるものを書き出し，最も書きたいことを決めます。書くことを決めたら，経験報告，観察記録，紹介など，その内容の文章様式を明確にしてから書くようにします。

ポイントシートの解説

学校行事から書きたいことを選ぶようにしています。出来事や行事などから題材を想起するためには，季節別，月別などの時間的な順序に沿ったり，児童自身が参加しているクラブなどの活動を基にしたりして選び出すようにします。

【題材を決めて様式を決める】

行事や毎日の出来事を表にしたり，カードに書き出したりする方法が考えられます。

① 最初に児童自身が自分でやったことを思い出し，さらに他の友達としたこと，先生から言われたこと，家族と話したこと，その時に思ったことなど，広げて題材を詳しくメモします。

② 題名を決めます。題名は，自分の気持ちを表すように工夫して付けさせます。

③ 題名を決めた後，文章様式を決定します。思い出した題材を中心として決めた題材から，どのような文章様式にまとめていくかを決めます。

④ 下の段に実例を示しています。文章様式は，経験報告，観察記録，紹介，説明です。

ポイントシートの活用法

ポイントシートでは，各月ごとに行われるであろう主な行事を列挙していますので，最初にどの月の行事が書きたいか決めさせます。書きたい行事が決まったらその行事で実際にやったことをノートやカードに書き出すようにします。もし，思い出せなかったら，その行事の写真や資料などを見せるとよいでしょう。同じ行事を選んでいる友達と，どんなことをしたかを交流したり，その時どんなことを思ったか尋ねたり答えたりするのもよいでしょう。詳しく書くために，時間の順序やエピソードなど，書くポイントを補うことも必要です。

(参考文献：井上一郎編著『アクティブ・ラーニングをサポートする！小学校教室掲示ポスター＆言語能力アップシート事典』)

書きたいことをじょうずにみつけよう

「やったこと，みたことなどを思い出して，家の人や友だちにつたえるために作文を書きましょう。」
といわれてもこまりませんか。書きたいことをたくさん思いうかべてみましょう。

1　なにを書いたらいいか，思いうかべましょう

☆行事をふりかえりましょう。

①学校たんけん
②プールびらき
③あさがおのかんさつ
④タブレットの学しゅう
⑤校がい学しゅう
⑥ひなんくんれん
⑦いもほり
⑧○○小まつり
⑨6年生をおくる会
⑩うんどう会
⑪書きぞめてん
⑫マラソン大会

2　書きたいことをみつけたら，だい名をきめてから書きましょう

☆したことや思ったことをくわしく書きましょう。

〈①しょうかいすることをかきます〉

「たのしかったランチルーム」
じどうかんの二かいに、ランチルームがあります。ランチルームでは、六年生といっしょにきゅうしょくをたべます。くばりかたをおしえてくれました。……

〈②したことをかきます〉

「まちにまったプールびらき」小学校のプールはとてもひろくて、おどろきました。プールの中でかおをつけたり、からだをのばすけのびをしたりしました。……

〈③かんさつしたことをかきます〉

「はながいっぱい」まい日まい日、水やりをしました。かわったことをかんさつノートにかきました。はっぱも花も十センチぐらいの大きさです。赤い花が一ばんはじめにさきました。……

〈④せつめいすることをかきます〉

「タブレットのつかいかた」わたしたちは、いまタブレットをつかってべんきょうしています。タブレットはタッチしたり、ペンでかいたりできるべんりなきかいです。……

2．メモを使って書きたいことを決めよう

ポイントシートのねらい

　調べたことを説明文に書く時，取材したメモをどのように使って書きたいことを決めていくかを示したものです。付箋，カード，ノートなどを活用したメモを操作することによって，書きたいことをより明確にすることが出来ます。

ポイントシートの解説

　「生きものずかんをつくろう」というテーマで，自分が興味のある生き物の生態等を説明する文を例にしてポイントシートを構成しています。ここでは，児童に身近な「生きもの」を題材として，そのひみつを知らせる説明文を書く時の取材メモを，３種類取り上げています。

●メモの種類

① 　付箋⇒調べたことを付箋にメモし，図鑑や本に貼っておくと，考えをまとめたり，書くことを決めたりする時に有効です。調べる項目ごとに色を変えておくことも出来ます。

② 　カード⇒調べることを決めておき，項目ごとにカードを作ってメモします。情報は１枚のカードに１つ書くようにします。硬いカードなら，穴をあけてリングで止めると「○○集」として保管出来ます。

③ 　ノート⇒多くの情報を表などに整理しておくことが出来，全体を見てさらに調べたいことが考えられます。調べたり，読み返したりした時に気付いたことを書いておくと役立ちます。

●分類・整理の仕方

① 　付箋⇒仲間ごとに付箋を分類し，「すんでいるところ」「食べもの」「口のかたち」などの見出しを付けます。必要のないメモは，置いておき，読み返した時に必要なら使います。仲間分けすると，考えを整理しやすくなります。

② 　カード⇒項目ごとにカードを並べ，それを読み返して必要なカードを選びます。取材は，実際に書く量の10倍と言われるように，調べたカードをすべて使う必要はありません。

③ 　ノート⇒調べたことを読み返し，知りたいことを見付けて，さらに調べてメモします。

ポイントシートの活用法

　付箋を使う場合，たくさん使う子もいるので，枚数を制限することも考えられます。初めから３種類のメモを使いこなすことは難しいので，「今回は，カードにメモしよう。」というように，どのメモを使うかを決めるとよいでしょう。また，自分で使うメモを選ぶ方法もあります。

（井上一郎編著『書く力の基本を定着させる授業』『記述力がメキメキ伸びる！小学生の作文技術』）

メモをつかって書きたいことをきめよう

本や図かんでしらべたとき，**大じなことをわすれないように**メモしておくと，**考えをまとめたり，書くことをきめたり**するときにやくに立ちますね。たくさんメモができたら，**どうせい理したらいいか**を考えましょう。

カタツムリのひみつをしらべて「カタツムリ図かん」を作ってみよう。どんなふうにメモをするといいかな。メモには，ふせん，カード，ノートなどいろいろなしゅるいがあるけど，どれをつかおうかな。

しらべる生きもの … カタツムリ
しらべること …… すんでいるところ
　　　　　　　　　　たべものなど
しらべ方 ……… 本や図かん

メモのしかた	メモができたら	せい理のしかた

色わけできるふせん

①しらべたことをふせんにメモする。

ふせんをはっておくと，読みかえすことができるよ。

②本にはったふせんをぜんぶはずす。

③ふせんをなかまにわけて名前をつける。

しらべたことで，色わけしておくと，なかまわけしやすいね。

こうもくの入ったカード

①しらべることをきめてカードにメモする。

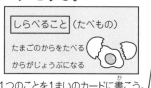

1つのことを1まいのカードに書こう。

②カードをぜんぶあつめる。

どのカードをつかうかきめよう。

③なかまごとにカードをあつめる。

かたい紙のカードなら，あなをあけて，リングでとめておけるね。

たくさん書けるノート

①しらべたことをこうもくごとにメモする。

②しらべたことを読んで，もっと知りたいことを見つける。

ほかにたべものはないかな。

ぎもんや思ったことも書いておくといいね。

③さらにくわしくしらべたことをメモする。

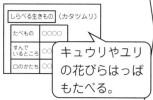

キュウリやユリの花びらはっぱもたべる。

3. 説明文って，どんな書き方をすればいいの？

ポイントシートのねらい

　身近な事物の説明をする時の文章構成を「フィッシュボーン」の型に表したものです。文章の基本構成は「はじめ→なか→おわり」であることから，魚の背骨の部分に位置付けています。説明文に書かれている内容を７つの言葉で表し「説明文のほね組」としています。文章の基本構成と「説明文のほね組」を関連させながら，説明文の構成を理解することが出来ます。

ポイントシートの解説

は じ め	①	取り上げる題材によって「みんなが知っていること」または「よく知らないこと」から始まります。
	②	「ふしぎ・ぎもん」では，「未知を既知へ」また「既知を未知へ」と筆者が読者の知識に寄り添って展開することで，後の説明に興味をもたせ，問題提起（もんだい）へと導きます。
	③	「もんだい」は「なぜ～でしょう。」など問いかけの文である場合と「考えてみましょう。」など問いかけの文を使わない場合があります。
な か	④ ⑤ ⑥	問題提起文に対する具体的な説明を行います。それは「もんだい」に対する答えであったり，「答えを導くためのヒント」であったりします。ここでは，観点を変える，例を挙げる，手順（順番）を説明する，理由を出すなど様々な説明の方法から，低学年の教材に使われることの多い「手順（順番）」「理由」「例」の３つを取り上げました。「手順」は，低学年の児童にも具体的なイメージが浮かぶよう「順番」という言葉に置き換えています。例文では「パンダの赤ちゃん」がどのようにしてパンダもようになるのかを生まれてからの時間の順序に沿って説明しています。
お わ り	⑦	「はじめ」に書いた「もんだい」に対する自分の考えを要約したり，まとめたりします。段落の始めにまとめの言葉を使うとよいでしょう。「このように」のほかにも「したがって」「以上のことから」「こうして」「これらのことから」などの言葉もあります。一覧表にしていつでも使えるようにしておきましょう。

ポイントシートの活用法

　モデルとなる文章を「はじめ」「なか」「おわり」に分けることが出来ても，自分の文章を①～⑦に当てはまるように書くことは難しいです。いよいよ文章を書く時に提示し，自分の説明文の構成を確認するようにしましょう。

（参考文献：井上一郎編著『記述力がメキメキ伸びる！小学生の作文技術』）

せつ明文って，どんな書き方をすればいいの？

何かをせつ明するとき，何をどんなじゅんじょで書けばよいか知っていますか。
せつ明文には，きまったほね組みがあるのです。
「せつ明文のほね組み」をさん考に，じゅんじょよく　せつ明してみましょう。

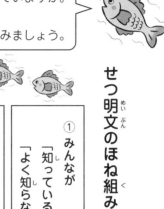

せつ明文のほね組み

はじめ

① みんなが「知っていること」「よく知らないこと」

② ふしぎ・ぎもん

③ もんだい

なか

④ じゅん番1　りゆう1　れい1

⑤ じゅん番2　りゆう2　れい2

⑥ じゅん番3　りゆう3　れい3

おわり

⑦ 答え・まとめ

せつ明文

近くのどうぶつ園にパンダの赤ちゃんが生まれました。生まれたばかりのパンダの赤ちゃんは、白と黒のパンダもようをしていません。

いったい、どのようにして、お母さんと同じようなパンダもようになっていくのでしょうか。図かんでしらべてみました。

生まれたてのパンダの赤ちゃんは、毛も生えていないので、はだの色が見えて、ピンク色をしています。（りゃく）

一週間ほどたつと、白と黒の毛が生えはじめます。うっすらとパンダもようをしていますが、まだぼんやりしています。（りゃく）

四週間ほどで、白黒もようがはっきりとするようになり、どこからみてもパンダの赤ちゃんとわかるようになります。（りゃく）

このように、パンダの赤ちゃんは、少しずつお母さんと同じもようになってくるのです。

「このように」はまとめにつかうことばだよ。

時間のじゅん番でせつ明しているね。

4．1文1文を大事にしよう

ポイントシートのねらい

　左右に並べた悪い文例とよい文例を読み比べながら，陥りがちな悪い文例を直すものです。正しく伝えるための記述力，詳しく伝えるための描写力について示しています。

ポイントシートの解説

　文を書く際に気を付けるポイントを5点に絞っています。このポイントシートは，書き直すことを促すように文例を対照させています。

●このポイントシートで取り上げた悪い例5点（左側雲の中の文）

① 　1文が長すぎて読みにくくなっている例

② 　観察して五感で感じたことを詳しく描写出来ていない例

③ 　情景が詳しく描写出来ていない例

④ 　同じ文末表現を繰り返し使ってしまう例

⑤ 　助詞の「は」「へ」「を」を正しく使えていない例

　書き言葉の1文は，平均40字にします。長すぎる1文には，主語の重複や主述のねじれ，長い修飾語，複数の修飾語，重文や複文の重ねすぎ等の課題が含まれています。話し言葉は平均30字程度までがよいため，発表原稿を書く際は短めの1文を意識させるとよいでしょう。

　観察したことを書く際は，色，数，大きさ，長さ，におい，手ざわり，味等，観察する対象に応じて観点を示すことが大切です。例え，擬音，擬態語，感情を表す言葉等については，詩や物語の読解の際に観点を確認したり，語彙表を提示したりする等，知識を与えることも有効です。

●このポイントシートで取り上げていない悪い例

　　△主述のねじれ　△長い修飾語　△読点の打ち過ぎや規則性のない打ち方　△文末の常体敬体混じり　△敬語の間違い　△同じ接続詞の繰り返し

ポイントシートの活用法

　まず，左側の文例を読み，どこが悪いのかを確認させます。どう直したらいいのかを自分で考えさせてから，ペアやグループで考えを交流します。その後，右側のよい文例を読み，どこがよいのかをもう一度確認します。左右の例文を読み比べれば，文を書く時のポイントが実感出来ます。自分がよくやってしまう悪い文例を想起し合うことも効果的です。

（参考文献：井上一郎著『誰もがつけたい説明力』）

1文　1文　を　だいじに　しよう

文を　かいても　うまく　つたわらないことが　あるよ。かいた文が　きちんと　つたわるように　なりたいなあ。どうしたらいいのかなあ？

ぼくが　おしえてあげるよ。ポイントは　5つ！　▲の文と　◎の文をよみくらべてみてね。ポイントが　よくわかるようになって，きっと　文も　うまくなるよ。

ポイント1　ながすぎた　1文は，いくつかの文に　わけよう。

▲もちつき大かいで，
おもちが　おいしかった<u>し</u>，
きなこも　つけた<u>し</u>，
あんこも　のせた<u>し</u>，
よかったです。

◎もちつき大かいが　ありました<u>。</u>
おもちが　おいしかったです<u>。</u>
きなこを　つけて　たべました<u>。</u>
あんこを　のせて　たべるのも
よかったです<u>。</u>

ポイント2　かんたんな　かんさつは，いろ，かず，大きさ，てざわりを　かこう。

▲あさがおが
さいた。

◎<u>むらさきの</u>　あさがおが
<u>4つ</u>　さいた。
つるが　<u>ながくのびていた</u>。
さわると　<u>ざらざら</u>　していた。

ポイント3　ようすが　よくわからないなら，れいや　音を　入れよう。

▲かみなりが
なった。

◎かみなりが
<u>大だいこのように</u>
<u>ドドドドン</u>　と　なった。

ポイント4　おなじ　いいかたが　つづいていたら，ちがう　ことばに　かえよう。

▲おにごっこが
<u>おもしろかったです。</u>
かくれんぼも
<u>おもしろかったです。</u>

◎おにごっこのときは，
むねが　<u>どきどき</u>　しました。
かくれんぼのときは，
みつかりそうで
<u>はらはら</u>　しました。

ポイント5　まちがった「わ　お　え」は，正しい「は　を　へ」にかきなおそう。

▲わたし<u>わ</u>，なわとび<u>お</u>
しました。
ぼく<u>わ</u>，こうえん<u>え</u>
いきました。

◎わたしは，なわとびを
しました。
ぼくは，こうえんへ
いきました。

5．書いた文章を読み返そう

ポイントシートのねらい

　書いた文章を推敲するためのチェックポイントを10カ条にまとめたものです。推敲の観点としては，相手や目的を意識した構成や書き表し方，文末表現になっているかなど，他にも多くありますが，ここでは低学年が対象なので，表記の仕方，主語と述語の関係，敬体と常体についてチェックできるようにしています。

ポイントシートの解説

　「読み返す時のチェックポイント10」の内容は，右表の通りです。

① 漢字の表記
② カタカナの表記
③ 助詞の表記
④ 長音（のばす音　例：おかあさん）の表記
⑤ 促音（つまる音　例：きっぷ）の表記
⑥ 拗音（ねじれる音　例：やきゅう）の表記
⑦ かぎ「　」の使い方
⑧ 句読点の打ち方
⑨ 主語と述語との関係の明確さ
⑩ 敬体と常体の使い方

　①〜⑥は，正しい文字表記が出来ているかどうかを確かめるものです。③の助詞は，例えば，「わたしわ×→わたしは○」のように推敲しますが，主語を示す「は」，目的語を示す「を」，動作の方向を示す「へ」が，正しく使えているかどうかもポイントになります。

　⑦，⑧は，かぎと句読点の正しい使い方が出来ているかどうかを確かめるものです。特に，⑧の読点は，①文頭の接続詞の後，②主語の後，③従属節の後（１つの文に，述語が２つ以上ある時　例：「春が来ると，さくらがさく」の「春が来ると」の部分が従属節），④並列する語の後，⑤文を読みやすくまた分かりやすくする時，などに適切に打つことが求められます。

　⑨は，主語と述語の対応関係が，正しく書けているかどうかを確かめるものです。１文の中で，必要な主語や述語が抜けていないか，書いてあっても助詞の使い方が悪いために文がねじれていないか，などがポイントになります。

　⑩は，文末表現として敬体と常体がまざっていないかどうかを確認します。

ポイントシートの活用法

　実際の推敲作業にあたっては，最初から一度に10個全てのチェックポイントを見直すのではなく，まずは①〜③，というように観点を絞って間違いを正していくといいでしょう。

　自分でチェックし終えたら，文章を友達と交換して互いにチェックし合うのも効果的です。

　推敲作業が終われば自己評価をします。例えば，①で漢字の間違いが１カ所あれば−１点で９点，というふうに項目ごとに自己採点します。

書いた文しょうを読みかえそう

読む人にきちんとつたわるかな

書いた文しょうを，読みかえすしゅうかんをつけましょう。まちがっているところがあれば正しく書き直します。そうすることで，自分の思っていることや考えていることが読む人にきちんとつたわります。

読みかえすときの
チェックポイント10

下の①から⑩のチェックポイントをつかって，自分が書いた文しょうにまちがいがないかどうかたしかめましょう。
文しょうを声に出して読むと，まちがいに気づきやすくなります。

めざせ100点まん点

10このチェックポイント，それぞれ10点まん点として，自分で何点をつけますか？　点数を書いてみましょう。
ぜんぶ10点で，合計100点になったらパーフェクト！

1	ならったかん字は，正しくつかっていますか。	てん
2	カタカナで書くことば（パン，ノート，ワンワンなど）は，カタカナで書いていますか。	てん
3	くっつきの「は」，「へ」，「を」を，正しく書いていますか。	てん
4	のばす音（おかあさん，すうじ，おおきいなど）は，わかるように書いていますか。	てん
5	つまる音（きっぷ，しっぽなど）は，わかるように書いていますか。	てん
6	ねじれる音（やきゅう，でんしゃなど）は，わかるように書いていますか。	てん
7	人がお話しているところでは，かぎ（「　」）をつかって書いていますか。	てん
8	文のと中にはてん（，），文のおわりにはまる（。）をつかって書いていますか。	てん
9	「〜は」，「〜が」（しゅ語）に合わせて，文のおわりの「〜した」，「〜だ」（じゅつ語）を書いていますか。	てん
10	文のおわりが，「です」，「ます」または「である」，「だ」のどちらかの書き方にそろっていますか。	てん

★まちがいが直せたら，ていねいな字で，せい書をしましょう。

ごうけい	てん

6．動物が出てくるお話を書こう

ポイントシートのねらい

　簡単な物語を書く時の順序と構成のポイントをまとめたものです。「書き出し」→「事件になるできごと」→「できごとで困ること」→「解決の方法」→「解決」と物語の構成の要素を示し，それぞれ何を記述すればよいかポイントと例を挙げながら説明しています。低学年が対象なので，日常の読書経験や生活経験を活かして物語を書くことが出来るようにしています。

ポイントシートの解説

　まず，【出発前の準備】で示したように「〇〇は，なになにします。」など，１文で書くことでどんな物語を書くか，発想を膨らませます。これまでに読んだ物語を思い出したり，動物が出てくるお話を再読したりして，自分がどんな物語を書きたいか想像を膨らませていくとよいでしょう。

　【出発前の準備】が出来ると，①～⑤の順に。構成の要素を順番に確かめながら書き進めていくことを示しています。以下，表にまとめます。

①書き出し	ライオンが教えています。主人公をどんな動物にするか決めると，その動物の特性を活かして物語を書き始めることが出来ます。例えば，うさぎの特性は，跳びはねることや優しいイメージと考えることが出来ます。
②事件になるできごと	カバが教えています。【出発前の準備】で書いた「お花をそだてる」ことに続いていくように「できごと」として書きます。例では，うさぎとお花がお話をしています。
③できごとで困ること	ゴリラが教えています。困ったり失敗したりすることが３つぐらい起こるように書いていくとよいでしょう。
④解決の方法	キリンが教えています。困ったことを何かをすることで乗り越えたり，失敗を誰かの助けで乗り越えたりすることを書きます。例では，うさぎの耳がよく聞こえることを使いハチの助けで解決しています。
⑤解決	ゾウが教えています。児童たちが書く物語ですので，短くハッピーエンドで書くとよいでしょう。

ポイントシートの活用法

　実際の授業では【出発前の準備】の動物がどんなことをするかを１行で書く学習で，「動物を３匹決めて３種類の１行文を書く」ように指示したり，短冊に切った紙に書き黒板にみんなの書いたものを貼ってみんなで読み比べることをしたりするとよいでしょう。また，「今日はライオンさんのところを学習しよう」や「カバさんのところを学習しよう」のように構成要素ごとに物語を書き，そのつど友達の書いたものをお互いに読み合いながら学習を進めたり，物語の構成を確かめるために「ライオン・カバ・ゴリラ・キリン・ゾウ」をセットとして確認したりして活用します。

どうぶつがでてくるお話を書こう

【①書き出し】

お花をそだてたうさぎ

《お話のれい》

うさぎさんは、まいにちさんぽをします。こうえんへいってぴょんぴょんあそぶのがすきです。ふくろの中の小さいものが、うさぎさんにいいました。

【②じけんになるできごと】

「うさぎさん、わたしたちを土にうえてみてください。」うさぎさんは、うれしくなってすぐにおうちにかえりました。おかあさんといっしょに、小さいものを土の中にうえました。おかあさんは、小さいものはお花のたねですよとおしえてくれました。お花のたねはとてもよろこびました。

【③できごとでこまること】

土の中からお花のたねのこえがします。「すこしあめがふってくれるとうれしいな。」でも、きょうはとてもよいてんき。あめは、ふりそうにありません。そこでうさぎさんは、じょうろでお水をすこしかけてあげました。お花のたねは、すこし大きくなりました。

【④かいけつのほうほう】

つぎの日も、うさぎさんはお水をあげました。つぎの日もつぎの日も、土のようすはかわりません。でも、うさぎさんはお水をあげました。つぎの日、土のようすはかわりません。水やりをやめようとおもいました。するととつぜん、めが出たかとおもったらすぐにはっぱをたくさんつけておおきくおおきくなりました。うさぎさんは、うれしくなりました。つぎの日、うさぎさんはお水をあげることをすっかりわすれて、ぴょんぴょんさんぽにいってしまいました。大きくなったお花は、とってものどがかわいて、こまってしまいました。

【⑤かいけつ】

お花がこまっていることを、ハチたちがきづいておおさわぎ。ハチたちのおおさわぎが、うさぎさんのみみにとどきました。うさぎさんは、大いそぎでおうちにかえって、お花にお水をあげました。お花は、きれいにさきました。

7．経験したことを知らせる文章を書こう

ポイントシートのねらい

　経験したことを他者に知らせる報告文を，３つの手順で書けるように示しました。日常くり返し起こる経験だけでなく，行事などの特別な出来事を想起して，順序に沿って経験報告文を書き，他者に伝えることで，経験した後の気持ちの変化や成長に改めて気付くことが出来ます。

ポイントシートの解説

　家を建てていくイメージで，経験報告文を書きあげる手順を大きく３段階に分けています。

① 経験したことを想起

　報告する出来事は誰にも起こる一般的なものではなく，他者が経験していない自分だけの体験を報告するとよりよい文章になります。ここでは，題材を用意する段階で，特別な行事（運動会や学習発表会，異学年交流）での事例を挙げています。

② 組み立てメモの作成

　自分の動きを中心にしながら，その時の気持ちや周りの様子など，思い出せる事柄を順序関係なく，短冊やカードなど並べ替えられるものに書きます。時間的順序で「はじめ」から書くのではなく，最も伝えたいことを「はじめ」に書けるように組み立てましょう。

③ メモを基に，経験報告文を作成

　「はじめ」では，一番伝えたい出来事や気持ち，報告しようと思ったきっかけを書きます。「中」では，出来事を詳しく伝えるために，会話文やその時の気持ちなどを入れながら，伝えたいことに即して詳細に書くところと省くところの区別をしましょう。必要なところを補うように書き加えていくとよいです。動きや様子を詳しく表すために，擬態語や比喩，具体的な数値を入れると，分かりやすい文章になります。その時の感情や情景が目に浮かぶように描写すると，説明文のような経験報告文にはならないでしょう。「おわり」には，その経験を通して成長したことや改めて感じたこと，これからへの思いを書くと，文章に深みが出ます。

ポイントシートの活用法

　運動会や発表会など長時間の出来事を報告する場合，組み立てメモが多くなることがあります。伝えたい出来事をより焦点化させるために，書かなくても読み手が分かる事実は省きましょう。また，組み立てメモを基に内容を膨らませて順序よく書くことが難しい場合は，組み立てメモを細かく書き，並べてつなげることから始めるとよいでしょう。

（参考文献：井上一郎編著『記述力がメキメキ伸びる！小学生の作文技術』）

けいけんしたことを知らせる文しょうを書こう

けいけんほうこく文ってなあに？
学校や家でおこったできごとで，うれしかったり，くやしかったりしたことはありませんか。そのような気もちになったできごとを，ともだちや先生に知らせるために書く文しょうをけいけんほうこく文と言います。

さあ，じゅん番に けいけんほうこく文を書いてみよう！

1　「知らせたい」「つたえたい」と思ったできごとを思い出してみよう。

そのできごとで，どのような気もちになった？

2　土台になる組み立てメモを書こう。

どんなことをした？　どんなことがあった？

3　メモをふくらませてけいけんほうこく文を書こう。

「はじめ」「中」「おわり」でのポイントを入れて書けるかな？

しらせたい
とくべつなできごと

・はじめて、いとこの赤ちゃんをだっこして，**どきどきした。**

・6年生のお兄さんお姉さんとおにごっこをして，**たのしかった。**

・うんどう会のリレーで，はじめて一いになれて**うれしかった。**

一組が一いでゴールした。

ゆうまがほめてくれてうれしかった。

いっしょうけんめい走った。

れんしゅうでころんでいやになった。

ゆうまと走るれんしゅうをした。

【はじめ】
つたえたい気もち

できごとがおこる前までの気もち

【中】
① 「いつ」「どこで」「だれと」「なにを」「どのように」
② うごきやようすをくわしくすることば
③ そのときの気もち（こころの中）　④ 会話文

【おわり】
なぜ一番つたえたいと思ったのか

これからのこと

【はじめ】

はじめての一いい！二年一組　いたみ　はやと

ぼくは、走ることがあまりすきではありません。れんしゅうの時にころんで、もうリレーに出たくないと思っていました。でも、ゆうまが、いっしょにれんしゅうしてくれたので、うんどう会で一いになりました。今までで一番うれしかっ

【中】

うんどう会の一週間前、休み時間に一人でれんしゅうしていると、ゆうまが、がんばったので三クラスの中で一いです。ぼくの出番がやってきました。バトンをもらって、力いっぱい走りました。しかし、後ろの二組がどんどん近づいてきます。足がもつれそうになりながら、うでをふってがんばりました。さい後は、一組がそのまま一いでゴール。みんなが

「前を見て、うでをもっとふるといいよ。」
とゆうまが、声をかけてくれました。
（ころんだらどうしよう）
ふあんなぼくに、
「いっしょにれんしゅうするからがんばろう。」
と言ってくれました。

…（りゃく）…
いよいよ二年生のリレーです。ゆうま

【おわり】

うんどう会が終わって帰る時に
「れんしゅうよりもはやかったな。」
と、ゆうまが言ってくれたことが、一いになったことよりもうれしかったです。
…（りゃく）…
にがてなことでも、あきらめずにがんばろうと思います。

とてもよろこんでくれました。

8．読む人によく伝わる観察記録文を書こう

ポイントシートのねらい

　読む人によく伝わる観察記録文を書くためのポイントをまとめたものです。観察記録文は，対象を続けて観察し，生長や様子の変化を記述します。書き方のポイントに沿って，初めに書いた文章をもっと「よく伝わる文章」に修正することで，書き方の工夫に気付けるようにします。

ポイントシートの解説

　ここでは４つのポイントに沿って，読む人によく伝わる書き方に気付かせるようにします。

① 観察する時に着目する観点を示そう

　実際に触れたり，虫めがねを使って観察する時に，「色」や「形」，「大きさ」，「音」，「手ざわり」など着目する観点を示します。動物を観察する時は，「動き」も加わります。

② 着目した観点について，様子を詳しく書こう

　植物や動物のどの部分に注目したのかを示すことで，読む人も同じ発見をすることが出来ます。また，「～みたい」「～のよう」と比喩を使ったり，「～ぐらい」「○センチメートル」などの数値を記述すると，より詳しく伝えることが出来ます。

③ 以前に観察した時との変化を書こう

　「前よりも，○○になった。」「前と比べると～に変わった。」「～が違っていた。」などの語彙を使い，続けて観察したことで分かる生長や様子の変化を書くとよいでしょう。

④ 文末表現を工夫しよう

　最後に，観察して「分かったこと」「気付いたこと」「思ったこと」を書き，自分の気付きを書き溜めていけるようにします。

ポイントシートの活用法

　国語科や生活科で観察記録文を書いた際，書いた文章を読み返して推敲する場面では，書いた文章のどの部分をどのように直すとよいかを自分で見付けることが難しいです。その時に，このポイントシートを使い，上段の初めに書いた文章と下段の書き直した後の文章を比べて，文章が詳しく変わったところに注目すると，書き加える時のポイントが分かります。相手によく伝わる文章にするために，自分の書いた文章をポイント①～④に沿って確認し，詳しく書き加えるとよいでしょう。

（参考文献：井上一郎編著『アクティブ・ラーニングをサポートする！小学校教室掲示ポスター＆言語能力アップシート事典』）

読む人によく伝わるかんさつ記ろく文を書こう

かんさつきろく文（アリやアサガオを見て，見つけたことや気づいたことをきろくした文しょう）を書きました。でも，もっとくわしく知りたいことがあると，友だちに言われました。読む人によく伝わるように書くためには，どうしたらよいか考えてみましょう。

みが大きくなった
やまだ　さくら

六月八日（月）晴れ

オクラのみが、大きくなりました。

大きさは、ひとさしゆびくらいです。色は、うすみどり色です。形は、細長い形をしていました。

よく見ると、毛がたくさんはえていました。

どうしよう。
どれくらい大きくなったのかが、わからないのかな。くわしく書けるようになりたいな。
書き方を知りたいな。

どんどんみが大きくなってきた
やまだ　さくら

六月八日（月）晴れ

オクラのみが、休みの間に、大きくなっていました。

前に、じょうぎではかったときは、二センチメートルだったみが、四センチメートルになっていました。

色は、うすみどり色から、みどり色になり、前よりもこくなっていました。

形は、細長くて、まるでえんぴつの先のようにツンツンした形をしていました。

虫めがねで、じっくりかんさつすると、白い毛がぜん体にたくさんはえていて、フサフサしていることに気がつきました。

白い毛が、みをまもっているのかなと思いました。

② ③ ② ① ④

かんさつ名人の文にチャレンジ！①～④のくふうをつかって書いてみると、このように変わるよ！

① どうやって「何」を見つけたか書こう

★虫めがねでじっくりかんさつすると…
「色」「形」「大きさ」「動き」など
「はのうらがわに毛が生えていたよ。」
★さわってみると…「手ざわり」「音」など
「ゆらすと，サラサラと音がしたよ。」

② 見たところやようすがよくわかるように書こう

★「おもてやうら」「上下」「左右」
★「まるで～のよう」「～みたいな」
★「～ぐらい」「○センチメートル」など

③ くらべて、変わったことがわかるように書こう

★「前にかんさつしたときとくらべて～に変わっていました。」
★「～のようにへんかしています。」

④ 文のおわりはこんなことばを使って書いてみよう

★「白い毛が生えていることに気がつきました。」
★「もっとしらべたいと思いました。」

9．紹介したいことがよく伝わるように書こう

ポイントシートのねらい

　紹介文を書く時のプロセスをバスの進行とともに説明したものです。紹介文とは，人物や事物についてそれを知らない相手に分かるように書くものです。低学年においては，教師や友達，家族など身近な人に，身近な施設や自分の好きな遊び，お気に入りの本などの事物や家族や友達などの人物，作った作品や文化的なものを紹介する時に役立ちます。

ポイントシートの解説

　ここでは，友達のよさが読み手によく伝わる紹介文の書き方を例として，読み手に伝えたい内容がよく伝わる紹介文の書き方を取り上げています。バスの進行に沿って紹介文の書き方が一目で分かるように，3台のバスにそれぞれ意味をもたせています。課題を決め，取材をするのが第1のバスです。第2のバスでは，文章構成に注意します。それをどのように書くかを考えるのが第3のバスです。

① 思い出したり，聞いたりして書く材料を集める（題材設定）

　事実として知っていることを思い出すための4つの観点とインタビュー取材の観点を示しています。分かったことをカードにメモしておくと，文章を組み立てる時に便利です。

② 伝わる組み立てを考える（文章構成）

　友達のよさを「はじめ—なか—おわり」の文章の構成に沿って，順序付ける観点を示しました。取材カードの中から，観点に合わせて書きたいことを選ぶとよいでしょう。

③ 伝わるように書く（記述）

　構成に沿って，いよいよ書く時の細かな内容を示しています。どのようなことを具体的に記述すればよいのか観点とともに実例をのせています。「はじめ」「なか」「おわり」それぞれの観点を太字で表し，ヒントが見付けやすいようにしてあります。よりよく伝わるためには，「なか」に書くことがポイントになってきます。ここでは，4つの観点を挙げていますが，その他にも例えや状態を表す言葉（音，色，形，大きさなど）などを使うとよいでしょう。

ポイントシートの活用法

　児童が紹介文を書くプロセスを身に付けるには，それぞれのバスで何をすることが出来るかのイメージをつかむことが大切になります。それぞれのバスの役割を児童が理解出来るように助言をするようにしましょう。

（参考文献：井上一郎編著『記述力がメキメキ伸びる！小学生の作文技術』）

しょうかい　したいことが　よく　つたわるように　かこう

あなたのクラスには，どんな友だちがいますか？　友だちの　よさが読む人につたわるように　しょうかい文を書いてみましょう。
どんなふうに書くとよいでしょうか？　バスにのって書き方をべんきょうしましょう。しゅっぱつ　しんこう！

だれについて書くかがきまったかな？

思い出す
・していることは
・いったことは
・してくれたことは
・見かけたことは

聞いてみる
・すきなことは
・とくいなことは
・がんばっていることは

1. 書くざいりょうを　あつめよう

友だちのよさが　読む人につたわるように　書くには、何に　気をつければいいのかな？

【はじめ】
①しょうかいする友だちのなまえ
②しょうかいするわけ

【なか】
①つたえたいいいところ
一つ目は
二つ目は

【おわり】
①じぶんがおもったこと
②みんなにいいたいこと

2. 書くこととじゅんばんをきめよう

あつめたことを　どんなじゅんばんで　書いたらよさが　つたわるかな？

【だい名】
友だちの一ばんいいところ

【はじめ】
①友だちのほめたいところ
②しょうかいしようと思ったわけ

【なか】
①よさ
＊聞いてわかった
＊見てわかった
＊いっしょにやってわかった
②その時の気もち
③自分とくらべて　④会話文

【おわり】
①しょうかいした人について思ったこと
②これからの自分

だい名　やさしく　がんばりやの　大西さん

はじめ　わたしの　ともだちで、いつも元気で　やさしい人がいます。それは、大西さんです。わたしは大西さんといると、元気が出ます。大西さんのすてきなところをみなさんにしょうかいします。

なか　大西さんは、サッカーが大すきです。休み時間はいつも「サッカーしよう。」と声をかけます。サッカーがあまりとくいでない人にもやさしく教えています。わたしは、人に教えることはあまりとくいではありません。だから、じょうずに教えているのはすごいなあと思います。
また、毎朝、せいとんがかりのしごとをわすれません。教室がきれいなのは、大西さんのおかげだと思います。

おわり　こんな大西さんは、わたしのお手本です。わたしもうんどうやしごとをがんばったり、友だちにやさしくしたりしたいです。

3. つたわるように　書こう

書けた

10. 現地に行って調査しよう

ポイントシートのねらい

現地調査をどのように進めればよいのかを，現地に行くまでにしておくこと，現地で調べるために気を付けること，学校に帰ってからすることの3つにまとめたものです。

ポイントシートの解説

現地調査には，現地に行くまでにするべきこと，実際に現地ですること，学校に帰ってからすることという手順があります。その3つのポイントをそれぞれ説明しています。

① 現地に行くまでにしておくこと

現地調査をする場所が決まったら，その場所について，本やインターネット，パンフレットなどを使って調べます。事前調査で分かったことを基に，そこから生まれた疑問や，さらに深く知りたいことを中心に見学リストや質問リストにまとめます。

② 現地に行った時に気を付けること

詳しく見るために，その場で実際に行われていることも見て，その時に疑問に思ったことなどを質問リストに付け加えます。実際に現地での様子を見て，疑問に思ったことや感じたことを尋ねることが出来るのも現地調査ならではです。そこで，質問リストをなぞるように聞くのではなく，見たことや感じたことも聞いて，深めるインタビューにします。メモを取る際には，相手が話したキーワードだけを書くように指導します。

③ 学校に帰ってから整理すること

取材や調査したことを忘れないうちにまとめます。まとめる際には，下調べで得た情報も載せると多くなりすぎてしまいます。実際に自分が現地に行って分かったことや感じたことを優先してまとめていくことが大切です。

ポイントシートの活用法

まず，現地調査をする学習において，学習の流れをつかむために使います。次に，現地に行くまでの準備が出来たかどうか，確認のために使います。そこで，メモやインタビューのポイントを基に事前に練習しておくと，現地でスムーズに調査が出来るでしょう。

(参考文献：井上一郎編著『小学校国語 「汎用的能力」を高める！アクティブラーニングサポートワーク』)

現地に行って調査しよう

これまで調べ学習では本，インターネットなどを使ってきましたね。さらに情報の集め方として，現地調査という方法を説明します。現地調査とは，実際に行われている場所に行って情報を集めることです。スーパーマーケットの見学を例にして，どのように現地で調べるかを考えていきましょう。

1　現地に行くまでにしておこう

・本やインターネットなどを使って
下調べをする。
・見学リストを作る。
・質問リストを作る。
「品物はどのような工夫をしてならべ
ているのかな？」
・インタビューの練習をする。

インタビューの練習をしよう
①自己紹介をしよう。
「～小学校の○○です」
②目的を伝えよう。
「お客さんを呼ぶための工夫を調べ
にきました」
③質問リストを中心に聞こう。

2　現地で調べるために3つのことに気を付けよう

深めるインタビューをしよう
①下調べでわかったことをさらにくわしく聞こう。
「下調べで売り場の位置に工夫していることがわ
かりました。子どもが買いやすいようにはどのよ
うな工夫をしていますか？」
②実際に見て感じたことや疑問に思ったことも聞い
てみよう。

くわしく見よう
①見てくるリストに書いたことを見よう。
②お店の人が店内でしていることを見よ
う。
「今商品の位置を置きかえているよ。
何か理由があるのかな？」
③お店の人が店の外でしていることを見
よう。

すばやくメモをとろう
①だれに聞いたのかをまず書こう。
②キーワードだけをすぐに書こう。
×　みかんは1日に1000こ売れます
○　みかん　1000こ

3　学校に帰って整理しよう

・キーワードだけを書いたメモに言葉を加えてわかる文にしよう。
・実際に行ってみて自分が感じたことや疑問に思ったこともまとめよう。
・見学でお世話になった人にお礼の手紙を書こう。

11. 調べたことをどんな順序で書けばいいのかな？

ポイントシートのねらい

　調べたことを文章に書く時の書く順序を４パターン示したものです。調べた内容や方法に合わせて順序よく書いたり，相手に分かりやすい書き方を考えたりする時に活用します。自分の考えが明確になるように，段落の連結関係や配列関係に注意して文章の構成を考えることがねらいです。

ポイントシートの解説

　段落の連接関係は，事例や事柄を並べたり少しずつ詳しくしながら重ねたりすることが考えられます。また，段落の配列関係では，結論を書いた後その理由や根拠を配列したり理由や根拠から結論を導いたりする配列や肯定と否定など対比する配列などが考えられます。

「調べたことを１つずつ」 順番に書いていく方法	「流れを作って」 順番に書いていく方法
並列に調べた事柄を配列する書き方です。どのような順序で配列するかは書き手の意図があらわれます。書く意図が明確になると調べた事柄の中で何を書くか書かないかが決まり段落の配列を考えることが出来ます。	大きさや小ささ，広さや狭さ，簡単なことから詳しいことなどを意識して段落を配列します。大きいから小さいへ，小さいから大きいへなど，いつも両面を考えてから書く順序を決めるとよいでしょう。
「対比しながら」 順番に書いていく方法	「問いを立てて考えを深めながら」 順番に書いていく方法
比べながら書くことで，読み手が自分の意見をもちやすくなったり読み手に判断をもとめたりすることができます。また，反対意見も踏まえた上で自分の考えを書くことで説得力を高めることも出来ます。	「問い」→「問いを解く方法」→「問いの答え」のような段落配列の基本パターンを踏まえ，ポイントシートに示した【問いの並べ方】を考えるとよいでしょう。「問いの答え」を総合して「結論」につなぎます。

ポイントシートの活用法

　実際の授業では，「今日はクローバーのカードを活用して書こう。」などのように，１つずつ段落のつなぎ方や並べ方を学習するとよいでしょう。例えば♣の「流れを作って」では，「広い→狭い」と「狭い→広い」などの２つのパターンで３つの段落を並べ，読み比べて順序の効果についてクラスで話し合うことも出来ます。また，♥の「対比しながら」では，肯定から書く方がよいか，否定から書く方がよいか両方のパターンを書いて考える活動に活用出来ます。

（参考文献：井上一郎編著『書く力の基本を定着させる授業』）

調べたことをどんな順序（じゅんじょ）で書けばいいのかな？

社会見学，理科実験，図書を活用した調べ学習などをして文章にまとめる時，どんな書き方をするかなやむよね。次の4つのパターンを参考に**調べた内容**や**調べた方法**に合わせて順序よく書いていこう。

今回はどのマークを選ぶ!?
ダイヤ？　クローバー？　ハート？　スペード？

1 ◆	1 ♣	1 ♥	1 ♠
「調べたことを１つずつ」順番に書いていく方法	「流れを作って」順番に書いていく方法	「対比（ひ）しながら」順番に書いていく方法	「問いを立てて考えを深めながら」順番に書いていく方法

2 ◆　ポイント

【書くことをえらぼう】

調べたことの中から，書くことと書かないことを決めよう。

2 ♣　ポイント

【流れを考えよう】
①大（おお）きい〜小さい
②簡（かん）単〜詳（くわ）しい
③広い〜せまい
④単純（じゅん）〜ふくざつ

2 ♥　ポイント

【対比の観点を決めよう】
①肯（こう）定⇔否（ひ）定
②賛（さん）成⇔反対
③よい面⇔
　　　よくない面
④知っていること⇔
　　　知らないこと

2 ♠　ポイント

【問いの並（なら）べ方を決めよう】

○全体を考える問いから焦点（しょう）をしぼる問いへ。
○１つずつ問いを解決（かい）して結論（ろん）へ。
○問いを解決（かい）すると新たな問いが出て深（ふか）まりながら結論（ろん）へ。

3 ◆　例

ひもごまは，…
鉄ごまは，……
……。
ベイごまは，…
逆立（さか）ちごまは，
………。
ボタンごまは，
………。

3 ♣　例

世界地図を見てみましょう。…
アジア大陸には，…………。
日本では，……
……。
大阪府は，……
………。

3 ♥　例

Aのよいことは，
………。
Aで気をつけることは，………。
Bのよいことは，
………。
Bで気をつけることは，………。

3 ♠　例

なぜ，○○○○○は，△△△△△なのでしょうか。
ということは，□□□□□と考えられます。すると，新たに疑問が出てきます。
なぜ，◇◇◇◇◇は，☆☆☆☆☆なのでしょうか。
このように…………。

12. 理由や具体例を挙げて，分かりやすい説明文にしよう

ポイントシートのねらい

　説明文を書く時の理由の挙げ方と具体例の挙げ方をそれぞれ３つずつ示したものです。ここでは中学年を対象とし「理由は必ず３つ書くこと」，「具体例は事実を書くこと」を柱にして，理由や具体例の書き方を考えられるようにしています。

ポイントシートの解説

　理由を書く時は，因果関係がある場合や，複数の要因によって帰結する場合などがあります。単純な説明にならないように「理由は３つは書く」という意識を児童がもつことがポイントです。掲載していませんが，具体例を書く時は，絵や写真などにコメントを付けて具体例として活用することも合わせて学習できます。

【理由】分けて書こう―フレーミングしよう	【具体例】分かってもらえると思う事実を３つ書こう
理由を３つ書く書き方の例を２つ示しています。「なぜかというと～」「なぜなら～」「～だからである。」「～のためです。」など理由の書き方と合わせて学習するようにします。	事実を重ねて書き上げることで説得力をもたせる書き方です。同じ種類のもの，同じグループの物をたくさん例としてあげることが出来るかチャレンジするのもよいでしょう。
【理由】いろいろな見方で書こう	【具体例】２つの事柄を比べて書こう
多面的に理由を書くことを示しています。ポイントシートでは「立場」ということで視点を考えるように促しています。場所（空間）や時間から考えたり，文化や生活から考えるなど，視点を変えて理由を考えられるように学習します。	ＡとＢをとりあげ，Ａのプラス面とマイナス面，Ｂのプラス面とマイナス面を書くパターンや，共通点と相違点を３点ずつ書くパターンなど，様々なパターンが考えられます。
【理由】追求して書こう	【具体例】順序や流れを考えて書こう
理由を追求することで思考を深めます。出来る理由と出来ない理由など，反対の理由を考えることもよい学習になります。	具体例の挙げ方として，順序よく例を挙げることは読み手に分かりやすくするために効果的です。易から難や難から易，小さいから大きいや大きいから小さいなど両面あります。

ポイントシートの活用法

　実際の授業では，まず，フレーミングについて用語とともに学習しましょう。理由を３つ書くことになれてきたら，児童が理由を思いつきそうな事例を用意し，「いろんな見方で」書くグループと「追求して」書くグループに分かれ説明文を書き，書き上げた説明文を友達と読み比べるのもよい学習になります。「具体例の挙げ方」についても同様に学習出来ます。

理由や具体例をあげて，わかりやすい説明文にしよう

 説明文に理由を書く時，どんなことに気をつけて書いていますか。説明に例を入れて書きましょうと言われてこまったことはありませんか。説明文に理由や具体例を書くポイントを見ていきましょう。

理由の あげ方

理由はかならず３つは書こう。

分けて書こう
ーフレーミングしようー

例１：理由は３つあります。１つ目は…，
　　　２つ目は………，　３つ目は………。
例２：理由としてはまず…，次に…，
　　　そして……。

いろいろな見方で書こう
①Aの立場から書く理由
②Bの立場から書く理由
③Cの立場から書く理由

例：和食が文化遺産になることについて，賛成の立場の人は，日本の食のよさを知ってもらえるのでよいと言い，反対の立場の人は食材が足りなくなることを心配し，諸外国の人からすると…

追求して書こう
①それはなぜか。
②さらに，なぜか。
③さらに，それはなぜか。

例：このお店のうどんが，なぜこんなにもおいしのか。それは，材料にこだわるからだ。では，なぜ材料にこだわるのか，それは，材料がよいことがおいしいうどんの決め手だからだ。だとしてもここまで材料にこだわるのはなぜか。お客のためだ。

具体例の あげ方

具体例は事実が大切。

わかってもらえると思う 事実を３つ書こう

例：「回る」ものと言えば，たとえば，自転車のタイヤ，せん風機のはね，ヘリコプターのプロペラ，などがあります。

２つの事柄を 比べて書こう
①同じ点とちがう点
②プラス面とマイナス面

例：サッカーとラグビーを比べてみましょう。サッカーは手でボールを持つことはルール違反ですが，ラグビーは手でボールを持って走ることができます。

順序や流れを 考えて書こう
①やさしい～むずかしい
②小さい～大きい
③身近なこと～よく知らない こと

例：乗り物について考えてみましょう。小さい子どもも乗れる自転車，16さいから乗れるバイク，18さいから乗れる車が…。

13. 書いた文章をチェックして書き直そう

ポイントシートのねらい

書いた文章を推敲する時の観点を10個にまとめたものです。文章が読みづらく分かりにくくなる要素は様々ですが，児童が陥りやすいポイントに絞ってまとめています。目的や様式に合わせて，推敲する観点に沿って間違いや改善点に気付き，修正出来るようになることをねらいとしています。

ポイントシートの解説

10個の観点を家の階ごとに３つに分けて示しています。①②③は文章全体の構成力に関する観点，④⑤は文章全体の記述力に関する観点，⑥〜⑩は１文の中の記述力に関する観点です。

文章全体の構成力（三階）	①「はじめ」…その文章で伝えたいこと，話題提示，きっかけ 「中」…出来事を時系列で，事例を挙げて，実験をして 「終わり」…その文章で最も伝えたいこと，自分の考え，思い
	②段落の始め，会話の部分などの必要な箇所は行を改めなければならない。また，改行による幾つかの文のあつまりである形式段落，形式段落の幾つかが意味のつながりの上でひとまとまりになった意味段落がある。
	③文章の相互関係がよく分かるように，指示語の使い方に注意する。
文章全体の記述力（二階）	④**相手**や**目的**に合わせて，原因や理由を挙げたり，事例を挙げたりする時に，「なぜかというと」，「その理由は」，「〜のためである」，「例えば」，「事例を挙げると」などの言葉を使うとよい。 ・**相手**…保護者や地域の人々などの大人，同学年・異学年の友達など ・**目的**…伝える，報告する，説明する，依頼する，案内するなど
	⑤自分の考えや主張を明確にする文章を入れる。
一文の中の記述力（一階）	⑥読みづらくならないよう１文を短くする。（書き言葉平均40字目安，話し言葉平均30字目安）
	⑦意味のまとまりや言葉の係り受けが明確になるよう読点を工夫する。 ・漢字または平仮名の区切り　・重文または複文の区切り　・形容詞または副詞の修飾の区別など
	⑧何が主語になるのかを意識し，主語−述語との関係に注意することに加え，「私が」「ぼくは」などの主語の重複を防ぐ。
	⑨相手（目上，年下など）や目的に合わせて，**常体**，**敬体**の表現を統一する。 **常体**…新聞，体験談，論文など使用される「〜だ」「〜である」「〜ではない」「〜ではなかろうか」 **敬体**…説明文，解説文など使用される「〜です」「〜ます」「〜でしょう」「〜ではありませんか」
	⑩文末表現は，「です・ます」の重複をさけるために，適切な文末表現にする。 例「です・ます」「ません」「でした・ました」「でしょう」「ましょう」「ですね・ますね」「体言止め」

ポイントシートの活用法

書いた文章を推敲する際，10個すべての観点を推敲の対象にする必要はなく，文章の様式や児童の課題に合わせて，観点を絞り書き直していく方が効果的です。文章に印を付けながら推敲すると，修正箇所がより明確になります。また，２・３階部分の観点に関しては，完全に書き終えてからチェックするのではなく，ある程度書けた段階でチェックするとよいでしょう。

（参考文献：井上一郎編著『小学校国語　「汎用的能力」を高める！アクティブ・ラーニングサポートワーク』）

書いた文章をチェックして書き直そう

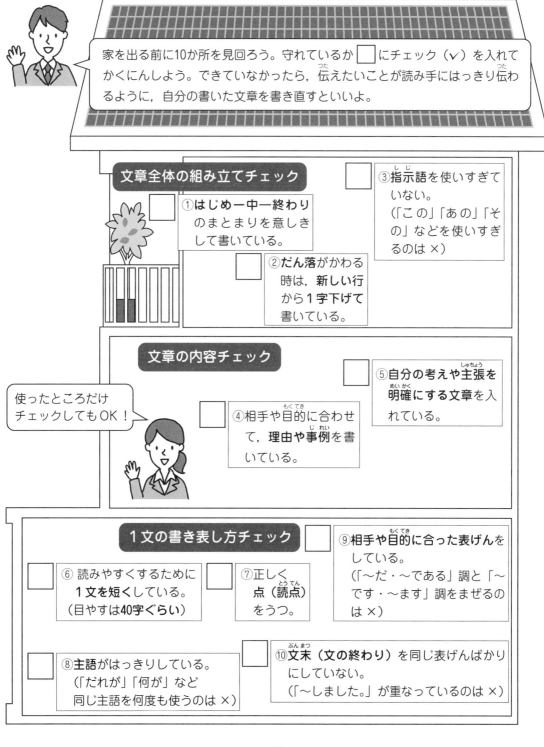

家を出る前に10か所を見回ろう。守れているか□にチェック（✓）を入れてかくにんしよう。できていなかったら，伝えたいことが読み手にはっきり伝わるように，自分の書いた文章を書き直すといいよ。

文章全体の組み立てチェック

□ ①はじめ－中－終わりのまとまりを意しきして書いている。

□ ②だん落がかわる時は，新しい行から1字下げて書いている。

□ ③指示語を使いすぎていない。（「この」「あの」「その」などを使いすぎるのは ×）

文章の内容チェック

使ったところだけチェックしてもOK！

□ ④相手や目的に合わせて，理由や事例を書いている。

□ ⑤自分の考えや主張を明確にする文章を入れている。

1文の書き表し方チェック

□ ⑥読みやすくするために1文を短くしている。（目やすは40字ぐらい）

□ ⑦正しく点（読点）をうつ。

□ ⑨相手や目的に合った表げんをしている。（「～だ・～である」調と「～です・～ます」調をまぜるのは ×）

□ ⑧主語がはっきりしている。（「だれが」「何が」など同じ主語を何度も使うのは ×）

□ ⑩文末（文の終わり）を同じ表げんばかりにしていない。（「～しました。」が重なっているのは ×）

14. 不思議な出来事の物語―ファンタジーを書こう―

ポイントシートのねらい

ファンタジーを書いていくプロセスを３つの柱にしてまとめたものです。ここでは，主人公が，不思議な世界に行って帰ってくるファンタジーを書くことを取り上げます。

ポイントシートの解説

ファンタジーを書く過程における①題材を設定すること，②構成に応じた内容を考えること，③始まりの部分とファンタジー世界の入口についての具体例を示しています。

① 物語の題材を決めよう

登場人物を決める前に，どのような題材にするのかを決めます。

●冒険⇒宝物を探しに険しい山道を歩く，まだ見たこともない生き物を探しに川や湖，森などを巡る旅をして，主人公が成長する。わくわく，ドキドキする物語になる。

●友達⇒口喧嘩をして，仲直りできないでいる。助けたり，助けてもらったりして友達のよさを再発見する。友情の尊さに気付くなどして，温かな気持ちに包まれる物語になる。

●家族⇒親子喧嘩をしたり，反抗したりして関係が気まずくなる。しかし，困難に出会った時にも見守ってくれたり，励ましてくれたりする親の存在に気付く。

② 物語の組み立てに沿って，内容を考えよう

始まりの部分には，①主人公が住んでいる場所，②時代，③主人公と登場人物の年や性格，関係などを書きます。出来事が起こる⇒不思議な世界に入り込むという順序は，入れ替わる場合もあります。不思議な世界への入口を設定することは，共通しています。問題の解決に向けて，失敗を繰り返し，挑戦を繰り返すほど，長編になります。結びは，ハッピーエンドにするのか，まだ続きそうな感じで終わるのかを考えさせましょう。

③ 始まりの部分を書いてみよう

文中の番号は，構想メモの番号です。状況を書きながら登場人物の関係を描きます。問題が，誰に起こるのかによって展開が変わってきます。

ポイントシートの活用法

ファンタジーの物語をどのように書いたらよいか構想を練る時やアイデアが浮かびにくい時，事柄を書き加える時の助けにします。物語の始まりの部分を例示したので，表現の工夫を見付け，発想のヒントに活用します。

（参考文献：井上一郎編著『小学校国語 「汎用的能力」を高める！アクティブ・ラーニングサポートワーク』）

ふしぎな出来事の物語—ファンタジーを書こう—

ファンタジー作品を読むと，どきどきワクワクしますね。今度は，あなたが作家になって，主人公がふしぎな世界に出かけていく物語を書いてみましょう。

1　題ざいを決めよう

題ざい：ぼうけん，チャレンジ，友達，家ぞく，好きなこと，成長

2　物語の組み立てにそって，内容を考えよう

始まり

時：むかし，今，未来
場所：町，庭，森，海

① 主人公は？
せいかく：活発，人見知り
年：子ども，少年，少女，大人

② 登場人物は？
役わり：助ける，こまらせる
かんけい：なか間，ライバル

出来事が起こる

ふしぎな
世界の入口

③ どんな出来事？　・友達と口げんかをする。・親に反こうする。・道にまよう。・友達の大事な物をなくす。・好きなスポーツなのに，やる気を失う。・船に乗っていて，あらしにあう。

ふしぎな世界

ちょうせん
しっぱい
新たなちょうせん

④ ふしぎな世界の出入口は？
風，洋服ダンス，井戸，生けがき，暗い道，トンネル，つり橋

⑤ ふしぎな世界は？
・生き物が話す。・巨人，ま法使い，りゅうなどふしぎな生き物が住む。

出来事のかい決

ふしぎな世界
の出口

かい決方法は？・知えをさずかる。・ま法を使う。・体が小さくなる。・話し合って分かり合う。

むすび

むすびは？　・主人公が，勇気をもつ。・泣き虫のまま。・出来事は，ゆめの出来事だった。・自分をよぶ家ぞくの声が聞こえてくる。・夕やけを見ながら家に帰る。

3　始まりの部分を書いてみよう

上のカードの番号と，てらし合わせて読んでみよう。

ワンダーとのぼうけん

① ぼくたちは，小学五年生。野球大すき少年だ。近所のクラブチームにも入っている。

「おーい。ボールどこ行ったのかなあ。見つかったかあ。」

② たけしの声が，ひびいてくる。

ぼくが投げたボールをたけしが，バットのしんに当ててホームランをかっとばしたので，生けがきに頭をつっこんで③さがしているが，見つからない。

「見つからないよ。このあたりなんだけどな。」

もうさがすのをあきらめようかと思ったその時，目の前にぼくの家の黒ねこ，ワンダーがあらわれ，ぼくの方をちらっと見た。生けがきの間にできたすき間をぬけていこうとするので，ボールをさがすのはあきらめて，思わずついて行った。生けがきのすき間は，思った以上におくまで続いていた。

明るい光のさす方に進んでみると，そこには，見たこともないけしきが…。なんと，④生けがきのすき間からぬけ出た先には，広場が広がっていた。

⑤ねこたちが，楽しそうにしゃべりながら立ち上がって歩いているのだ。—後略—

15. 調べたことを報告する文章を書こう

ポイントシートのねらい

　取材と構成を終えて，調査報告文を書き始める時に大切なポイントをまとめたものです。「冒頭部」「展開部」「終結部」で気を付けたいポイントを左の吹き出しに，そのモデル文を右に示しています。モデル文では，調査報告文に使う汎用性の高い表現を太文字で表しています。

ポイントシートの解説

　調査報告文は，「課題設定⇒取材⇒構成⇒下書き⇒推敲⇒清書」の手順で書いていきます。それぞれの段階で大切なポイントがありますが，ここでは，いよいよ下書きをする時に気を付けることを３つに絞って説明しています。

●調査のきっかけや目的を逆接の言葉で強調し，読者を引き付けます

　小学生が書く調査報告文では，生活の中で感じた疑問や学習を通して気付いたことなどを調査のきっかけや目的として冒頭部に書きます。そうすることで，調査の正当性や妥当性が高まり，読み手を引きつけることが出来ます。逆接の接続詞を使うと，調査の前にもっていた考えとのコントラストが鮮やかになり，より読み手の心に届く文になります。

●考察を書く時に最も大切なものは事実。ファクトファーストで整理します

　調査したことや観察したこと，実験の結果などの事実を正確に列挙します。それらの事実をグラフや表にしたり，箇条書きで整理したりして，分かりやすく伝えるよう工夫しましょう。また，調査の前にもっていた知識や予想を書き加えると，深まりのある考察になります。

●終結部で調査全体を振り返り，自分が明らかにした結論を強調しましょう

　調査報告文の終結部では，自分が明らかにした結論が明確になるように調査のきっかけから考察・感想までを振り返って要約します。また，調査の反省を通して浮かんだ課題や新たに追求したい疑問を終結部に書くことで，発展性が感じられる調査報告文にすることが出来ます。

ポイントシートの活用法

　モデル文の太文字の言葉は，文章構成をつかむヒントにもなっています。調査報告文をなかなか書き出せない児童には，これらの言葉を使って文をつながせてください。また，児童は，調査で明らかになった事実があっても，既に考えていた予定調和的な結論を導きがちです。考察と結論とのつながりに論理的な一貫性があるか，推敲させることが大切です。

(参考文献：井上一郎編著『記述力がメキメキ伸びる！小学生の作文技術』『アクティブ・ラーニングをサポートする！小学校教室掲示ポスター＆言語能力アップシート事典』)

調べたことを報告する文章を書こう

調査報告文を書く時，どのように書けばいいのか困ってしまう人は多いよね。そんな人のために調査報告文を書く時の考え方のポイントを3つにまとめてみたよ。さあ，このポイントを使って調査報告文を書き始めてみよう。

1. 調査のきっかけや目的をはっきり表すにはどうすればいいかな。

逆接で理由を強調しよう。

- ○調査のきっかけや目的を書いて，読者を引きこもう。
- ○目的やきっかけは逆接の言葉（しかし，ところが，など）で強調しよう。

> ぼくはミヤマクワガタが大好きです。毎年、何びきも育てています。お母さんがデザートで出してくれる新せんなくだものを残しておいてえさにしていると、おいしそうに食べて、すぐにえさに集まり、おいしそうに食べているように見えました。しかし、先日、友だちから、長生きしないと言われる、くだものをえさにすると、長生きしないと言われました。ほかの人からも同じことを言われました。そこで〜

2. 考察をまとめる時には，何を大切にしたらいいのかな。

事実をもとに考察しよう。

- ○調査や観察，実験の結果をグラフや表などにまとめ，わかった事実を箇条書きで整理しよう。
- ○調査する前にもっていた知識や予想なども書き加えよう。

えさごとの生きた日数（棒グラフ）

> このグラフから分かることを整理すると、次のようになります。
> ・それぞれのえさに生きた日数の平均を計算すると、次のように生きた〜
> ・くだものをえさにしたものでも〜ワガタの中で一番長生きした〜
> この結果から、くだものをえさにすると、クワガタは〜
> 予想では、新せんなくだものをえさにしているクワガタが一番長生きする〜

3. 調査報告文のまとめには，どんなことを書くといいのかな。

結論を明確に書こう。

- ○調査全体をふり返り，自分が明らかにした結論を強調しよう。
- ○調査の反省からうかんだ課題や新たに追求したい疑問なども書いておこう。

> えさのやり方をまちがっていると言われたことから、この調査は始まりました。調査では、三種類のえさを用意して〜調べました。この調査の結果は、ぼくは新せんなくだものを食べているグループが一番長生きすると思っていましたが、予想ははずれましたが、クワガタを長生きさせるえさが分かったので〜調べているので、えさのほかにも〜次は、かごの大きさとクワガタが生きた日数との関係を調べようと思います。

16. 学級新聞の見出しを考えよう

ポイントシートのねらい

　学級新聞の見出しの付け方を具体例を示して解説しています。新聞形式に当てはめて解説をしているので，見出しの考え方を学ぶと同時に，新聞の割付についても参考となるようにしています。

ポイントシートの解説

　新聞形式で３段に分け，見出しの考え方を解説しています。

① 　トップ記事の見出し・リード文…見出しの意義について

　見出しの学習をするにあたり，児童が見出しの意義を理解しなければなりません。そこで，トップ記事の見出しとリード文で，見出しとは何か，なぜ大切なのかを説明しています。また，このポイントシートの見出しそのものが見出しのルールを守って書いています。

② 　上段・中段…見出しの作り方の基本ルールと具体例

　上段に見出しの基本ルールを３つ示しています。１つ目は，「字数を守る」ということです。見出しは，伝えたい内容を決められた字数（10字～13字）でまとめなければなりません。２つ目は，「強調したい言葉を入れる」ことです。記事の中で何を伝えようとしているのかが一目で分かるように，伝えたいメッセージを入れることです。３つ目は，「主語・述語を入れる」ということです。伝えたいことを強調するためにも主語・述語が整っていなければなりません。この基本ルールを守ると内容が分かりやすい見出しとなります。

　中段には，上段の基本ルールに沿った具体例を３つ示しています。それぞれの例の中でも，強調している点を吹き出しに表しています。

③ 　下段…言葉の使い方などの工夫の仕方について

　倒置法や体言止め，助詞の使い方を工夫することで，字数を守ることが出来ると同時に，内容が分かりやすくなる例を示しています。

ポイントシートの活用法

　実際の授業では，新聞の見出しを書く時にこのシートを渡します。具体例を示しているので，どこがポイントになっているか学習した上で，自分たちで見出しを考える際に役立つでしょう。また，一度自分で見出しを考えた後，このシートを渡します。そして，自分の見出しと比べてみて，推敲するという方法もあります。グループで検討し合うと，よりよい見出しが出来るでしょう。

学級新聞の見出しを考えよう

○年○月○日発行
編集者　○○○○

見出しは最も短い要約の文！

短い中に伝えたい情報を入れる

記事には、通常、見出しが付いています。読者は、見出しを見て記事を読んでいくものです。つまり、見出しは一目で記事の内容が分かるように、短く題名のような形で示してあります。

見出しが付いていない小さな記事もあります。見出しを付いていない小さな記事もあります。

では、どのような構成で見出しを作ればよいか、どんなキーワードを入れるべきかを考えるために、いろいろな例を見ていきましょう。

見出しの基本ルールはこれ！

見出しを作るときは、次の基本的なルールを意識して考えるようにしましょう。

① 字数を守る（十字から十三字ぐらい）
② 強調したい言葉を入れる
③ 主語・じゅつ語を入れる

基本ルールを守って見出しを作ろう

次の3つの具体例を見ましょう。どれも基本ルールを守っているので、一目で内容が分かりますね。

❶ ○○高校野球部　甲子園初出場

○○高校野球部が初めて甲子園に出場するということを強調するために「初」を入れています。

❷ 子どもの体力低下　昨年比

子どもの体力がいつと比べて低下しているかを強調するために、最後に昨年比を入れています。

❸ インフル過去最大の流行

インフルエンザが流行していることではなく、過去最大であることが強調されています。

漢字・ひらがなを混ぜて作るのもコツだね

ほかにも工夫することがあります

上の3つのポイント以外にも言葉の使い方を工夫するとよりよい見出しができます。

「協力しよう　地域活性化運動に」「全校生でクリーンアップ作戦を」

「~を」「~に」など助詞で止めてよびかけるようにする。

「これでいいのか？　私たちのマナー」「○○を見直しすべきか？」

「~か」を使って問いかけるようにする。

新種の生物（を）発見（した）！「子どもの体力（が）アップ（した）」

「~が」「~を」「~した」「~する」などを省略すれば文字数が少なくてよい。

17. 図表を使って分かりやすい説明文にしよう

ポイントシートのねらい

「図表のない説明文」と「図表のある説明文」を比較することで，説明文に図表を加えると読み手の理解が深まることを示したものです。図表がなく文章だけの説明文である「Before（ビフォア）」では，ポイントを的確に記述していますが，イメージをつかむのは困難です。一方で，図表を用いた説明文である「After（アフター）」では，イラストによって説明しているポイントを強調し，読み手がイメージしやすくしています。これら2つの説明文を上下に配置したレイアウトにより，図表を使う効果を一目で認識することが出来ます。

ポイントシートの解説

説明文を書く際に図表を使うことには，文字情報を補助するために視覚的な情報を付加するという役割だけでなく，次のようなメリットがあります。

☆図表を「読む」ことによって

書き手が文章を分かりやすくするために考えて示した図表を文章と合わせて示すことで，読み手は文章に加え，図表からも書き手の考えを読み取る（図読する）ことが出来ます。

☆図表を「考える」ことによって

読み手は文章による情報と，図表を使って示された（図解された）情報を「比較する」という思考を行うことになります。「比較」という思考が働くことで，より論理的な理解を深めることが可能となります。

ポイントシートとしても図表を駆使し，「Before」では正確な文章でも相手に理解されず悔しがる男の子（書き手）と女の子（読み手），真ん中ではポイントの解説を行うロボットなどのイラストをはさみ，「After」では2人が図表を効果的に入れることですっきりしている様子を提示しています。これらの図表（イラスト）の補助により，児童が図表を一層比較しやすく，効果を実感できるポイントシートになっています。

ポイントシートの活用法

今回は図表の1つである"イラスト（略図）"の活用例を示していますが，他にも図表には写実力の高い"写真"，数値を用いて変容を表す"表・グラフ"など，多様な形式があります。書き手の伝えたいことを効果的に伝えるためにはどんな図表を使えばよいのか，どのようなレイアウトで配置すればよいのかを，児童が実際に考えて，説明文と組み合わせる学習活動が大切になります。

図表を使って分かりやすい説明文にしよう

文章だけの説明だと分からなくても，写真が1まいあるだけでイメージはふくらみます。みなさんも図表（写真，イラスト・図，表・グラフなど）を使って，より分かりやすい説明文を書きましょう。

Before（ビフォア）

アシカとアザラシの見分け方について調べて説明文にしたよ！

読みやすい文章だけど…。前足が発達しているのが…？耳があるのが…どっちだっけ？

文章はちゃんと書いたのに伝わらないの!?

アシカとアザラシの見分け方
○○　○○

アシカとアザラシを見分けるポイントは二つあります。

一つ目のポイントは足です。アシカは前足が発達していて、陸上では後ろ足といっしょにペタペタと歩くことができます。一方、アザラシは後ろ足が発達しているので、魚のように泳ぐのが得意ですが、陸上で足を使って歩くことはできません。

二つ目のポイントは耳です。アシカには耳たぶがあって、外から耳の場所がはっきり分かりますが、アザラシの耳はどこにあるか分かりません。よく見ると、耳がある場所には、小さなあなが空いています。…

図表で分かりやすく！
図表（ここではイラスト）をいっしょに見せると，読み手に分かりやすくなりますよ！

なるほど！

After（アフター）

分かりやすいイラストを入れてみたよ。

図表（イラストなど）と見くらべると，よく分かるわ!!

アシカとアザラシの見分け方
○○　○○

アシカとアザラシを見分けるポイントは二つあります。

一つ目のポイントは足です。図のようにアシカは前足でしっかり立っていますが、アザラシは前足が小さいので、立つことができません。アシカは陸で歩くのが、アザラシは海で泳ぐのがとくいな体になっているのです。

二つ目のポイントは耳です。下の図のようにアシカにもアザラシにも耳はありますが、アシカの耳は耳たぶがあるのですぐに分かります。一方のアザラシは耳の穴しか見えないので、どこが耳なのか一見分かりません。けれど、よく見ると…

アシカ

アザラシ

後ろ足を前に向けられる

後ろ足でろ〜ん

前足で体を支えられない

耳の穴しか見えない

実はこれが耳の穴

耳たぶ

アザラシ

アシカ

18. アンケートの取り方

ポイントシートのねらい

　アンケートの作り方の手順とアンケートの種類についてまとめています。アンケートを取るといっても順序があります。そのプロセスを学ぶことによって，相手意識をしっかりもって質問を考えたり，種類を決めたりすることが出来るようになります。

ポイントシートの解説

　このポイントシートでは，上段にアンケートの作り方の手順，下段にアンケートの種類についてまとめています。

●アンケートの作り方の手順

① **目的や対象者をはっきりさせよう！**

　目的を明確にし，その目的に応じて誰にアンケートを取ればよいのかを考えます。

② **アンケートの種類を決めよう！**

　アンケートには，１枚ものや冊子になったものなど，いろいろな形態があります。ここでは，**自由記述法**・**選択肢法**・**内省法**の３種類の例を示しています。他にも**順位法**（順位を付けていく）や**マトリクス**（同じ選択肢を使って質問する）などがあります。

③ **質問や選択肢を考えよう！**

　対象者に分かりやすい文で質問や選択肢を考えます。この時，読み手に誤解を与えないよう，難しい表現は避け，誰が読んでも意味が分かる文章にすることが大切です。

④ **質問する順番を考えよう！**

　いきなり難しい質問では，対象者が回答しにくいので，最初はすぐに答えられる簡単な質問からにします。そして，徐々に考えを深めながら答える問題にしていきます。

⑤ **アンケートを取ろう！**

　正確なデータが集まりそうな人数にアンケートを取ります。取った後は，表やグラフを使って整理し，その事実に基づいて考えをまとめます。

ポイントシートの活用法

　アンケートを作る時，児童は自分の質問したいことを思いついた順番に書いてしまいがちです。ですから，【アンケートの作り方の手順】の特に③と④を強調して指導します。また，アンケートの種類の例をモデルに，３種類のアンケートを作り，答えやすさや集計のしやすさを経験させるのもよいでしょう。

アンケートの取り方

調べ方の1つに「アンケート」があります。「アンケート」は，質問用紙を配ってたくさんの人から結果をもらい，その結果を表やグラフに整理し，その事実にもとづいて考えをまとめるためのものです。ここでは，アンケートの種類や取り方の手順について学びましょう。

アンケートを取った後は，表やグラフを使ってわかりやすくまとめるといいよ。

アンケートの作り方の手順

1 目的や対象者をはっきりさせよう！　どんな目的で，だれにアンケートを取ればいいかな？

2 アンケートの種類を決めよう！　集計しやすいかどうかも考えて。

3 質問や選択肢（せんたくし）を考えよう！　質問はだれでもわかるやさしい文章で。

4 質問する順番を考えよう！　最初はかんたんな質問から。

5 アンケートを取ろう！　何人ぐらいにアンケートを取ればいいかな？

アンケートの種類

すきな遊びは何ですか？

自由に書く
（自由記述法）（じゆうきじゅつほう）

いろいろな意見がほしいときに向いています。

すきな遊びは何ですか？
A　おにごっこ
B　ドッジボール
C　遊具で遊ぶ

記号の中から選ぶ（えら）
（選択肢法）（せんたくしほう）

意見が分かれすぎない方がよいときに向いています。1つだけや複数選ぶ（えら）ものがあります。

ドッジボールはすきですか？
A　すき
B　どちらかといえばすき
C　どちらかといえばきらい
D　きらい
E　わからない

自分の気もちにぴったりなものを選ぶ（えら）
（内省法）（ないせいほう）

すききらいなど個人の気もちの度合いを知るときに向いています。

19. 簡単に書いたり詳しく書いたりしよう

ポイントシートのねらい

　説明文，報告文，記録文などを書く時に，相手や目的に合わせて詳しく書いたり簡単に書いたりするアイデアやポイントをまとめたものです。詳しく書くアイデアを6つ，簡単に書くポイントを5つ示しています。

ポイントシートの解説

　詳しく書くアイデアはたくさんありますが，活用してほしい6つに絞っています。

アイデア	詳しく書くポイント	簡単に書くポイント
例を挙げて書く	「エピソード」は読み手に自分の体験したことを伝えることが出来ます。「グラフ・図・表」などは，その解説を書くと詳しくなります。	エピソードや具体例の柱だけを書くか，思い切って省くことも考えます。
様子を書く	様子を詳しく書くには，「色，形，大きさ，手ざわり，味，行動，声，音」などを描写する書き方が大切になります。	様子を表す語彙の選定のために語彙表などを手渡してあげてください。
時間を細やかに書く	時間の経過が分かるように，年月を追いながら順番に書いたり，1週間や1日の時間を区切って書くことで詳しく書きます。	「今日は」や「今週」，「この何年間に」など，時間をまとめる書き方です。
理由をたくさん書く	アイデアとして挙げている「例を挙げて書く」の「エピソード」や「具体例」が理由になる時もありますし，理由を言うために「引用して書く」ということもあります。	箇条書きを使い端的に理由を言うことで，説得力が増すこともあります。詳述略述の両面がいつも大切です。
比べて書く	どんな視点で比べるのか，比べることで分かること，見えることはどんなことか，意味付けや価値付けを書くことが必要になります。	何と何を比べるかは示し，意味付けや価値付けを書くことは省いて短くします。
引用して書く	引用部は「」を付けることや，出典を示すなど引用のルールの指導も必要です。	要約して引用することもあります。

ポイントシートの活用法

　観察記録文や実験報告文を書く時には，アイデア「様子を書く」「時間を細やかに書く」を意識することを確認しましょう。説明文や経験報告文では「例を挙げて書く」のエピソードや具体例を書くというように，文章様式に合わせてポイントシートのどのアイデアを使うかを考えるとよいでしょう。

簡単に書いたり詳しく書いたりしよう

詳しく書く時は，文章が長くなるのだろうけど，どんなことを考えて詳しく書いたらいいんだろう？　簡単に書く時は，詳しく書く時の逆のことをすることになるのかな。メニューを見て書いてみよう。

 詳しく書くアイデア

 Menu

 詳　詳しい例

 簡　簡単な例

簡単に書くポイント

例を挙げて書く

○エピソードを書こう。
○具体例を書こう。「たとえば…，」
○グラフ・表・図などを活用しよう。

詳 実験①のグラフは，それぞれの時刻ごとに，記録の平均を示したものです。グラフを見ると，…。（グラフの解説を書く）。…ということなのです。

グラフ・表・図などの解説を省こう。

様子を書く

○色や形は，説明したりたとえたりして書こう。
○大きさや長さ，重さなどは，数値で書いたりたとえて書いたりしよう。
○手ざわりや香りを書こう。
○音や声は描写して書こう。（擬音語・擬声語）

「語い表」などを見て様子にぴったりの語いをよく吟味して1語をえらび，その1語を活用して短く書こう。

時間を細やかに書く

○時刻と時間，月日や年を正確に書こう。

詳 私がこの研究をはじめるようになったのは，1990年です。…1999年には，みかんの匂いのことが分かってきました。2005年には，リンゴの匂いのこと…。そして2019年，ついに研究をまとめました。

簡 私はこの研究を30年近く前に始め，ついに研究をまとめました。

理由をたくさん書く

「理由を3つ書く時の，3パターン」
○様々な立場の人の見方や視点に対応するように書こう。（並列）
○3段階で大きな理由から本質の理由へ向かうように書こう。
○主になる理由を書いてから，その具体例を2つ示そう。

か条書きで理由を書こう。

比べて書く

○反対意見も入れて書こう。
○比べるものに共通する長所と短所を書こう。
○それぞれにある長所と短所を書こう。

簡 このことは，りんごとバナナを比べるとよく分かります。

「何と何を比べるとよく分かるか」だけを書こう。

引用して書く

○専門知識・専門用語を活用して書こう。
○自分以外の人の考えを活用して，自分の考えを補強するように書こう。

簡 ◆「（書名など）」には，「○○○…」とある。
◆「（だれだれ）」は，「○○○…」と述べている。

「○○には，◇◇とある。」など1文で引用しよう。

---

20. 事実を組み合わせて意見を書こう

ポイントシートのねらい

　複数の資料に記された事実を組み合わせて，自分の意見としてまとめて書くための方法を示したものです。ある市（Ａ市）の「交通事故件数（2019年）」を基として，前年のデータ（2018年）と比べると「多い」と言えるし，他市（Ｂ市）のデータと比べると「少ない」と言うことができる状況を示しています。たとえ「事実」であっても，資料の組み合わせ方によっては反対の結論になる可能性を認識することで，児童が複数の資料を参照してから，自分の意見を書けるようになることをねらいとしています。

ポイントシートの解説

　複数の事実を組み合わせて意見文を書くためには，自分の意見をもつために事実を読み取り（①），その事実の組み合わせ方が妥当かどうかを考えた上で（②），事実を効果的に活用して文章を書き表す（③）必要があります。

① 　事実を読み取る。【意見をもつ】

　複数の資料に記された事実や出来事などを読み比べ，どのような意見を導けるのか考える段階です。いくつかの組み合わせの中から，自分が主張したい意見をつくっていきます。

② 　事実を確認する。【意見を確かめる】

　自分が見付けた意見は本当に妥当なのか，手持ちの資料は十分に検討できているのか，その他に検討すべき資料はなかったのかなど，自分の意見の根拠となる資料を多面的・批判的に検討し，自信をもって意見を書けるようにする過程です。

③ 　事実を書き表す。【意見を伝える】

　自分が伝えたい意見を効果的に表すためには，どのように事実を組み合わせて示せばよいのか考え，文章にする必要があります。この際，自分の意見に対する【反論】がある可能性も踏まえて意見を記述すると，より説得力のある文章になります。

ポイントシートの活用法

　ポイントシートで挙げた２つの事例では，自分の意見の根拠とする事実を比較するために，グラフを利用しています。このように，グラフなどの図表を効果的に活用し，組み合わせた事実のどこに着目してほしいのかを明確にすると，読み手も納得しやすい意見文を書くことが出来ます。その他にも，根拠となる資料をそのまま使っても伝わりにくい場合には，自分の意見に合わせて再資料化するなどして，読み手に伝わりやすい工夫をすることが大切です。

事実を組み合わせて意見を書こう

ある資料からは1つの考え方しかできなくても，別の資料と合わせて見ると全くちがう考え方ができることもあります。いろんな資料の中の事実を効果的に組み合わせて，自分の意見を書きましょう。

2019年のA市の交通事故件数は，多いのかな？　少ないのかな？

A市の交通事故件数（2019年）
6,130件

前年と比べると…	B市と比べると…
A市の交通事故件数（2018年） 6,630件	**B市の交通事故件数（2019年）** 3,005件

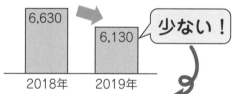

少ない！

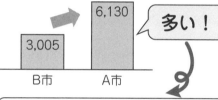

多い！

2019年のA市の交通事故件数は<u>少ない</u>と思います。前年の事故件数と比べてみてください。 500件も減っていることが分かります。ここから，今年は事故件数が<u>少ない</u>と言えます。…

2019年のA市の交通事故件数は<u>多い</u>と思います。B市の事故件数と比べてみてください。2倍以上も多いことが分かります。ここから，A市は事故件数が<u>多い</u>と言えます。…

Point! 事実の組み合わせ方によって意見は変わる

比べる事実を変えてみると，まったく反対の意見になることもあります。次の2つのステップにそって，事実を組み合わせた意見文を書くことが大切です。

ステップ ① 事実 → 【読み取る】 → 意見をもとう！
　いくつかの事実をよく比較して読み取り，どのような意見がもてるのかを考えて，自分の意見を決めましょう。

2018年より前の交通事故件数はどうだったのかな…？

ステップ ② 事実 → 【確認する】 → 意見を確かめよう！
　自分の意見と反対側からも事実や意見を見直して，あなたの意見（例：多い／少ない）は本当に正しいのかよく考えてみましょう。

A市とB市の人口はどれくらいちがうのかな…？

ステップ ③ 事実 → 【書き表す】 → 意見を伝えよう！
　自分の意見を効果的に伝えるために，どの事実を組み合わせて示すとよいのか考えて，文を書きましょう。（※グラフや表なども使うとよく伝わるよ！）

21. 表現を見直してレトリックで効果的に

ポイントシートのねらい

　読み手に自分の伝えたいことを分かってもらうために，使いやすい効果的なレトリック（修辞法）をまとめたものです。レトリックには多くの種類がありますが，ここでは児童が使いやすいものを6つ取り上げています。草稿が出来上がった時などにこれらのレトリックを使って文章のブラッシュアップに役立てましょう。

ポイントシートの解説

　紹介しているレトリックの効果は次の表の通りです。

エピソード法	エピソードとは，ある事柄について具体的に示すちょっとした出来事のこと。エピソードを入れることで，自分の伝えたいことがより具体的となり，説得力が増す。
列挙法	相手に分かってもらうために，例となる事項を数多く並べることで分かりやすくしようとする方法。
3点列挙法（トリプリング法）	トリプルとは，3つのこと。伝えたい内容を3つに限定することで，読み手にとってイメージがしやすくなる。列挙法の1つ。
比較・対照法	共通なものを比べたり，相違するものを比べたりして，それぞれの特徴をはっきりさせる方法。共通点を明らかにしたいのか，相違点を明らかにしたいのかを考えて，意図的に使う。
修辞疑問法	読み手に答えを求めるのではなく，問いかけることで興味をもたせ，伝えたい内容を一緒に考えてもらおうとする方法。
引用法	自分の考えを主張するにあたって，人の言葉や考え，本の文章を引用することで，説得力をもたせる方法。引用には，直接引用，間接引用，伝聞引用がある。

　他にも，比喩，対句，回想法，体言止めなどのレトリックがあります。必要に応じて指導するとよいでしょう。

ポイントシートの活用法

　一挙に6つのレトリックを教えるのではなく，その時の題材に合わせて1つずつ指導するとよいでしょう。例えば，草稿が書けた時，修辞疑問法を提示して書き出しを問いかけにリライトした文章と比較することで，このレトリックの効果を実感させることも出来ます。全部のレトリックの特徴を学習した後，掲示してあるポスターを見て，児童が自由に選んで使いこなせるようになると，表現の幅が広がります。

（参考文献：井上一郎著『誰もがつけたい説明力』）

表現を見直してレトリックで効果的に

読み手に自分の言いたいことを効果的に
伝えるために表現を工夫しよう！

エピソード法

具体的な出来事（エピソード）を
いれて書こう

例：この前，信号が青になったので横
断歩道を渡ろうとしました。その
時，突然車が走ってきました。こ
のように，ルールを守っていても
危険な目にあうことがあります。
みなさん，気を付けましょう。

列挙法

関係することがらを並べて書いたら
効果的！

例：安全な生活をおくるためには，次
の5つのことが大切です。
「いかない」「のらない」「おおきな
声でさけぶ」「すぐにげる」「しら
せる」
この5つのことを合言葉で『いか
のおすし』と言います。

3点列挙法
（トリプリング法）

伝えたい内容を3つ（トリプル）に
まとめて書こう

例1：子どもも，大人も，お年寄りも，
みなさん読書をしましょう！

例2：給食には，正月，節分，ひな祭，
色々な行事献立があります。

比較・対照法

同じものやまったく違うものを
比べて，違いをはっきりさせよう

例：鉛筆で書いた字は消せますが，マジック
で書いた字は消せません。例えば，鉛筆
は漢字を練習する時に使います。間違え
た時に消せるので便利だからです。マジ
ックは，ポスターを書く時に使います。
太くてしっかり書けるので分かりやすい
からです。それぞれの特徴を生かして使
うとよいです。

修辞疑問法

興味をもってもらうために，
問いかけてみよう

例：みなさんは，タンポポを見たことがあり
ますか。

引用法

人の言葉や考え，本の文章を使って
自分の考えに説得力をもたせよう

直接引用

例：福沢諭吉は『学問のすすめ』で「天は人
の上に人をつくらず」と言っている。こ
のように人はみな平等だ。

間接引用

例：福沢諭吉はウソをついてはいけないと
『ひびのおしえ』に書いている。

伝聞引用

例：福沢諭吉は「ペンは剣（けん）より強し」
と言ったそうだ。つまり言葉が…

22. 物語作家になろう―実体験に魔法をかけて物語にしよう―

ポイントシートのねらい

　実体験を基に物語を創作するためのポイントをまとめたものです。物語という文章様式に出合い，創作することは，その表現法を体験することであり，読解力の向上にもつながります。物語は虚構現実です。しかし，何もない状態から虚構を考えることは，難しい作業です。そのため，身近な実体験をきっかけにして虚構を考えられる工夫を示しています。

ポイントシートの解説

　実体験に魔法をかけると物語に変身するイメージで，学習のポイントを示しています。

魔法①　主人公の成長に重きを置くのか，友情体験に重きを置くのか等，テーマをはっきりさせることが大切です。実体験を思い出し，それをヒントにテーマを考えます。実体験の中からいくつかを取り上げて混ぜ合わせることで，実体験を虚構現実としての物語に変化させます。

魔法②　登場人物をキャスティングするポイントです。主な実体験には登場しない人物を取り上げ，性格や主人公との関係など，キャラクターを確立させると，物語の構想が膨らみやすくなります。主人公も等身大の自分である必要はなく，名前や性格に変化を付けることも考えられます。

魔法③　物語の視点人物（誰が物語を語るのか）を決めるポイントです。自分がそのまま語るのか，ナレーターとして，第三者的に語るのかを決めます。

魔法④　冒頭部では，解決されるべき課題を書きます。会話文や描写などを工夫し，課題をドラマチックに描きます。

魔法⑤　物語のクライマックスに関するポイントです。ここでは，出来なかったことが出来るようになったことのような感動体験などを取り上げます。

魔法⑥　物語の終結部に関するポイントです。余韻をもって物語を終わらせるようにします。

ポイントシートの活用法

　魔法①の学習に十分に時間をとるとよいでしょう。また，物語にしたい実体験を考える段階で，魔法⑤のポイントを書くことが出来るかどうかを踏まえることが必要です。自身の成長や人間関係の変化が描写出来れば，物語に深みを出すことが出来ます。

（参考文献：井上一郎編著『記述力がメキメキ伸びる！小学生の作文技術』）

物語作家になろう―実体験にまほうをかけて物語にしよう―

物語作家なんか無理だと思っていない？　実体験からだって物語が書けるよ。でも，出来事をそのまま書いたのでは，ふつうの作文と変わらないよ。実際に起こったような物語をつくるためのまほうを教えてあげるね。

まほう①「実体験をまぜる」

成長物語を書く？　友情物語？　日記や作文を読み直して、書きたいテーマにあいそうな体験を探そう。少し気になる体験が見つかったら、体験を加えてもいいかもね。少し気になる体験をまぜてみよう。

少し気になる実体験

一学期、知子という転校生がやってきました。とても大人しい女の子で仲良くなりたかったけど、夏休みに違う学校へ転校してしまいました。

＋

「成長」がテーマの実体験

大会に向けて鉄ぼうの「車輪」という技にちょう戦しました。技ができるようになりません。あきらめたくなったけど、何度も練習を繰り返し、やっと技ができました。手はマメだらけになりました。

まほう②「登場人物を変える」

登場人物の名前や性格を変えてもおもしろいよ。転校生の女の子を、さとしという男の子に変えてもいいかもね。本当にはいない人物を加えてもいいよ！

まほう③「語っている人が分かるように書く」

主人公→わたしは、たおれた。他の人→さくらは、たおれた。

まほう④「最初は困った出来事から始める」

会話文を入れよう。大げさに書こう。

まほう⑤「困ったことが解決されるきっかけを書く」

まほう⑥「終わりは、余いんを残すように」

「さくら。その技ができないと、大会に出られないぞ。」

コーチの言葉がわたしにささる。大会に出るためには、鉄ぼうの「車輪」という技を成功させないといけない。まだできないのは、四月に東京からやってきたさとしとわたしだけ。

「だめだ！　何度やってもできないよ！」

太陽が照りつける公園。高鉄ぼうの下に、わたしは、たおれた。

「あ、さとしだ。」

さとしが、自転車で公園にやってきた。なぜだかわたしは、しげみの後ろに、とっさにかくれた。（りゃく）

「どういうこと！」

わたしは、思わずしげみからとび出して、さとしに食ってかかった。

「さくらさん?!」

さとしは目を丸くしている。そんなさとしの手を見てわたしも目を丸くした。つぶれたマメだらけだったのだ。

さとしのやつ、くるんくるんと技を連発している。まるで本物の車輪が回っているようだ。

（りゃく）

さとしは、大会前にまた他の学校に転校した。

大会の終わったわたしの手はつぶれたマメでいっぱいだ。この手の痛み、一生忘れないだろうな。

23. 意見文に説得力をもたせよう

ポイントシートのねらい

　読み手を説得する意見文の書き方を「自分の主張に一貫性があり筋の通った文章にする構成の技法」と「読み手が納得せざるを得ない根拠を挙げて主張の正当性を高める技法」の2つに分けてまとめたものです。

ポイントシートの解説

「文章構成の工夫」「理由づける根拠」として10個の具体的な技法にまとめています。

●文章構成の工夫

①　主張の予告⇒議論の前提となる事実を示した後，主張を予告するようにするとよい。（読み手のイメージを膨らませ，後の展開に興味をもたせる）

②　多様な角度から論証⇒本論では，主張の正当性を証明するために，異なる角度から3つ程度の議論を取り上げ展開していくようにする。

③　反対意見に対する反論⇒反対意見を想定する場合，直前までに議論した内容から読み手が当然抱くと思える具体的な反対意見として提示する。（想定内容が妥当であること）

④　大事なことを繰り返す⇒繰り返す内容がくどくならないためには，全体的なことから細かなことに段階的に移行し，最後にもう一度総括としてまとめるとよい。

●理由づける根拠

A　証言（アンケート結果）⇒多数の意見の傾向や具体的な証言を示して根拠とする。

B　科学的な調査結果⇒専門的分野の研究者から発信される情報を引用して根拠とする。

C　並べて強調⇒同じ要因による事象を列挙することで根拠の正当性が強調される。

D　実際にある法律⇒法律を取り上げて根拠とする。（国の定めた法令は説得力が高い）

E　国が調べた調査結果⇒公的で権威ある具体的な調査結果を基に根拠を示す。

F　一目で分かる図表⇒データを活用する場合，図表を用いると一目瞭然となる。

ポイントシートの活用法

　意見文を書かせる場合，序論・本論・結論という三段構成の双括型で構成することを共通理解させます。また「理由づける根拠」については，「経験やエピソード」「偉人の言葉や著作物からの引用」も説得力があります。

（参考文献：井上一郎著『誰もがつけたい説明力』／井上一郎編著『記述力がメキメキ伸びる！小学生の作文技術』『小学校国語科　知識・技能を活用した言語活動の展開』『書く力の基本を定着させる授業』）

意見文に説得力をもたせよう

自分の考えを述べて，だれかに伝えるのが意見文だね。でも，自分が言いたいことを言うだけでは不十分。意見の正当性を主張して**読む人**に**「なるほど…その通りだ」**と共感してもらうには，いろいろな技がある。ここでは，文章構成の工夫と理由づける根拠の2つについて学んでいこう。

説得力を増すための文章構成の工夫と理由づける根拠

文章構成の工夫

結論	本論			序論
大事なことをくり返す ⑤	反対意見を予想し反論する ③	いろいろな角度から論証 ④ ③ ②		主張を予告 ①

⑤　④　③　②　①

タバコの害を知るべきだ

①　今、禁煙がさけばれ駅やレストランなど…。しかし、私たちのまわりには、まだまだ…。Ⓐクラスでアンケート調査をした結果、四割以上の人が家族に喫煙者がいて…迷惑だと感じている。タバコは、次に示すように、吸う人、吸わない人にかかわらず害がある。私たちはもっと、タバコの害についてしるべきである。

②　タバコがおよぼす害とは、まず体への害である。Ⓑタバコのけむりには四十種類以上の発がん性のある化学物質が…証明されている。Ⓒがん以外でも、心筋梗塞、狭心症、歯周病、気管支ぜんそく…

確かに個人の自由は、尊重されなければならない。だからタバコを吸うことで病気になり、寿命が短くなってもその人の自由…。しかし、周りにいる人にも害がおよぶのだ。煙からでる有害物質は、タバコのフィルターを通して吸うより五十倍もの…。Ⓓ国の定める「健康増進法」や全国の多くの自治体の「受動喫煙防止条例」…望まない受動喫煙をなくす…

その他のタバコの害として、タバコの火の不始末による火災がある。Ⓔ総務省の調べでは出火原因の第二位…さらに、ポイ捨てされた吸い殻、壁についたヤニの…他人に迷惑をかけている。Ⓕ

以上のことから、吸う人も吸わない人も、タバコの害について多くの知識をもち、よく考えて生活する必要があるのではないだろうか。

理由づける根拠

主張の正当性
★どういう根拠に基づいているか

Ⓐ　証言（アンケート結果）
Ⓑ　科学的な調査結果
Ⓒ　並べて強調
Ⓓ　実際にある法律
Ⓔ　国が調べた調査結果
Ⓕ　一目でわかる図表

24. 解説文を書いてみよう

ポイントシートのねらい

　絵や文学作品の解説文を書く時の観点をまとめて示したものです。観点を選び，文例を基に文を書き，組み立てると解説文が書きやすくなるでしょう。

ポイントシートの解説

　解説文の定義と，解説文に入れるとよい〈観点〉といろいろな画家の〈文例〉を示しています。下段に，観点を活用したゴッホの「ひまわり」の鑑賞文例を掲載しています。

●観点について

① 「作品」について

　絵や文学作品をじっくり見るステップが重要です。作品の描写，自分が着目した事実をメモに書き出しておきます。絵の場合は，描かれているものや，色・形・筆づかいなどの絵画としての観点から見ることも大切です。

② 「作者」について

　作者について，本やインターネットで調べるとより専門的な知識を取り入れることが出来ます。歴史的・社会的背景や作者の生い立ち，人物像を調べることで，なぜその作品が出来たかを考えたり，他の作品と比べ，作風や作者の思いなども考えたり出来るとよいでしょう。

③ 「解釈・評価」について

　①で書き出した事実に対して，感じたことや，解釈したことをメモします。「解釈」や「評価」によく使われる文末表現を掲載しているので，文にする時は，参考にするとよいでしょう。

●組み立てについて

　これらの観点から選んで書いたものを順序や数を考えて組み立てていきます。書き出しには「A作品の紹介」，「B作品の描写」，「Fおすすめポイント」などを選ぶと書きやすくなります。様々なパターンが考えられますが，「G解釈・感想・考え」は必ず入れるようにします。

〈順序例１〉 A→B→H 〈順序例２〉 B→D→H 〈順序例３〉 C→E→B→H

ポイントシートの活用法

　取材の前に，どんなことを調べておけばよいか，観点を確かめます。どの観点を選べばよいか，順序を考える時につまづく可能性もありますので，順序例や「ひまわり」の解説文を参考にしてください。

解説文を書いてみよう

ゴッホの「ひまわり」の絵の解説文を書くことになったけど，解説文って，どんなことを書けばいいのかな？

専門知識を入れて，絵や音楽・文学など作品の深みが読み手に伝わるように書いた文章を解説文といいます。解説文にはいろいろな観点があります。

 解説文を書くための観点と例を知っておこう！

	観点	文例
作品	A 作品の紹介	ゴッホの代表作品といえば，「ひまわり」や「種まく人」を挙げるだろう。
	B 作品の描写	無人の広場，人気の全くない家。しめった空の下には，とがった屋根の家と広場と，海。
作者	C 作者の出生・人物	ムンクは，5歳で母親を結核でなくし，自身も死の恐怖におびえてくらした。
	D 歴史的・社会的背景	1888年，アルルへ移住したゴッホは，芸術家の共同体を作りたいと思いながら暮していた。
	E 他の作品	人生に失敗した晩年の作品が，代表作となる。「糸杉」「アルルの跳ね橋」なども挙げられる。
解釈・評価	F おすすめポイント	モネの「睡蓮」の1つの魅力は，光の表現とそのせん細な筆づかいにある。
	G 解釈・感想・考え	・ここはジャングルにちがいない。・作者の喜びが感じられる。・母の死の影響が見られる。・楽しく遊ぶ様子が伝わってくる。
	H 評価	・描写の細やかさには驚かされる。・色使いが素晴らしい。・後世に残すべき傑作だ。・見る者の心に迫る。・作者の思いに感銘をうける。

「ひまわり」の解説文

一面の黄色。地面も壁も全てが鮮やかな黄色で染まったその世界にたくさんのひまわりが。
B

誰もが知っている「ひまわり」は、ゴッホの一番有名な作品といっても過言ではないだろう。
A

他にもゴッホは「ひまわり」を6点描いている。
E

ゴッホは、たくさんの画家と出会い、様々な絵を知り、日本の浮世絵にも興味をもった。
C

限られた色で、鮮やかに仕立て上げる工夫。これがゴッホの作品の魅力だ。
F

「ひまわり」は、1888年、ゴッホの画家友達でもあり、好敵手でもあったゴーギャンがアルルに来るのを待っているときに描いた絵だ。
D

よく見てみると同じ黄色でも、明るい黄色で、ひまわりが美しく咲いているが、少し薄暗い部分はしなっている。
B

明るい部分はゴーギャンがアルルに来てくれるという期待、少し薄暗い部分は、来てくれるのか心配する気持ちが表されているのではないだろうか。
G

百年以上も前の絵を通して、作者がこめた思いやメッセージが真っすぐに伝わってくることは、驚くべきことだ。
H

どんな観点を入れて書くとよいか，内容と順序は自分で選んでね。「G 解釈・感想・考え」を入れるのが大切なポイントだよ。

25. 推薦者になって，推薦文を書いてみよう

ポイントシートのねらい

　推薦者になって推薦文を書くためのポイントをまとめたものです。ここでは，グループで行く「たてわり遠足」の行き先として，おすすめの公園について書いた２つの推薦文を示しています。

ポイントシートの解説

　どちらも文章構成が「冒頭部－展開部－終結部」の三部構成になっています。「冒頭部」に結論を書いた頭括型で，「展開部」に推薦理由を書き，「終結部」は呼びかけで締めくくっています。

　「冒頭部」「展開部」「終結部」，それぞれをＡとＢで比べると，次のような特徴があります。

　Ｂの「冒頭部」には，交通公園に行く目的である「学び」が書いてあり，「展開部」「終結部」の内容も主旨が一貫しています。その点，Ａでは「終結部」に農業公園に行く目的が書いてありますが，「体験や発見」と「たてわりでの遊び」という２つの内容になっています。

　「展開部」は，どちらも目的に合った活動内容やよいところを理由として述べています。書き方として，Ａは箇条書き，Ｂは順序を明確にする構成で書いています。特にＡでは，①②…という番号を使って箇条書きにしているので，①～③の「体験や発見」が一番目の目的，④の「遊び」が２番目の目的ということになります。

　推薦文を書く時には，まず目的と相手を明確にします。推薦理由をできるだけたくさんカード等に書き出し，その中から目的に合った活動内容やよいところを複数選び出して書くことが大切です。

ポイントシートの活用法

　推薦文では何を推薦するのか，人物なのか，事物なのか，施設なのか，などによって説明のポイントや構成が違ってきます。何より推薦は，より主体的な関わりが求められる分だけ推薦者にも責任がかかってきます。遠足の行き先といった施設の推薦では，曖昧な情報にならないよう，施設のパンフレットやホームページの確認，必要に応じて事前の下見や取材も必要になります。施設の特徴や写真，実際の体験談などを入れると，より説得力が増します。

　推薦文を書く時には，推薦・評価語彙を使うことも大事なポイントです。ここでは「心に残る」「価値のある」という言葉を使っています。内容にふさわしい推薦・評価語彙を20～30個一覧にして，その中から選んで使えるようにするとよいでしょう。

推せん者になって，推せん文を書いてみよう

小学校1年生から6年生で編成したグループで，「たてわり遠足」をします。行き先として，「農業公園」と「交通公園」，どちらがいいのか推せん文を書くことにしました。推せん文には，そこでの活動内容と，よいところや利点を示すことが必要です。

1 行き先，活動内容，よいところを推せんしましょう！

A 農業公園

　　たてわり遠足の行き先には，農業公園を推せんします。理由は，次の4つです。

①畑に育っている野菜や花を見ることができ，収かく体験もできます。
②地元の農家の方々から農業についてお話を聞くことができます。
③こん虫コーナーでは，田畑でよく見かけるこん虫の展示があります。
④公園のおくには，全長約350m，高低差が35mある大きなすべり台があります。

　　農業公園に行けば，家や学校ではできない体験や発見ができます。その上，1年生から6年生のみんなで遊ぶこともできます。ぜひ農業公園で心に残る遠足にしましょう。

B 交通公園

　　みなさんが，毎日，安全に登下校ができることはとても大切なことですね。そこで，たてわり遠足では，安全について学ぶことのできる交通公園に行くことを推せんします。

　　まず，交通広場では，道路，横断歩道，交通信号，いろいろな交通標識があります。交通ルールや交通マナーの学習ができます。

　　次に，自転車練習場では，おもしろい自転車やバッテリーカーに乗ることができます。交差点やふみ切りなどを安全に通行することが学べます。

　　さらに，DVDを見たり，クイズにちょう戦したりするコーナーもあります。

　　学ぶ価値のある交通公園に出かけましょう。

2 2つの推せん文を比べて，書き方の工夫を見つけましょう！

①書き出しは？　②理由の書き方は？　③文の終わり方は？

3 推せんするときは，次の3つがポイントです！

①推せんの目的，相手を明確にしましょう

②推せんの目的に合ったよいところを述べましょう

③理由を最低3つは述べましょう

26. 書く活動を振り返り，評価し合おう

ポイントシートのねらい

書くことのプロセスに沿って，自分で書くことの活動について振り返るためのものです。

ポイントシートの解説

書くことのプロセスとして，①課題設定→②取材活動→③情報整理・分析→④構成決め・下書き→⑤推敲→⑥清書の６つを示しました。それら一つ一つの活動のポイントとなるべき点を振り返りチェックポイントとして活用出来ます。

❶ 書きたいことを決められたか？

書きたいことが決められず，書いていく中で焦点化した場合もあるので，２項目チェック欄を設けています。どちらかにチェックが入ります。

❷ 書くために調べ活動はしたか？　❸　調べたことを整理できたか？

書くために，様々な方法で取材をし，集まった情報を整理する活動について振り返る項目です。必要な情報だけを取り出すために，どのような方法で整理したかをメモしておかせるとよいでしょう。

❹　文章の様式を考えて書いたか？

様式を理解することが大事です。ここでは「はじめ・中・終わり」を取り上げましたが，それぞれの文章様式のポイントとなった項目を付け加えてチェックさせてもよいでしょう。

❺　すいこうできたか？　❻　清書ができたか？

一度書いたものを何度も読み返すことはとても大切です。推敲のポイントを捉えて，よりよいものにしようとしたか，出来たかで振り返るようにします。推敲したことを基に，丁寧に清書し，満足のいく作品が出来たかどうかを振り返ります。

ポイントシートの活用法

これまでの学習ワークやノートなどを手元に置き，それぞれの活動を思い出せるようにします。全体でもしくはグループで司会者の児童が，各項目について読み上げ，それぞれのポイントにはどんなことがあったのか，意見を出し合いながら進めていくのもよいでしょう。一人一人の振り返りが出来たあとは，グループで振り返ったことについて交流させます。

書く活動を振り返り，評価し合おう

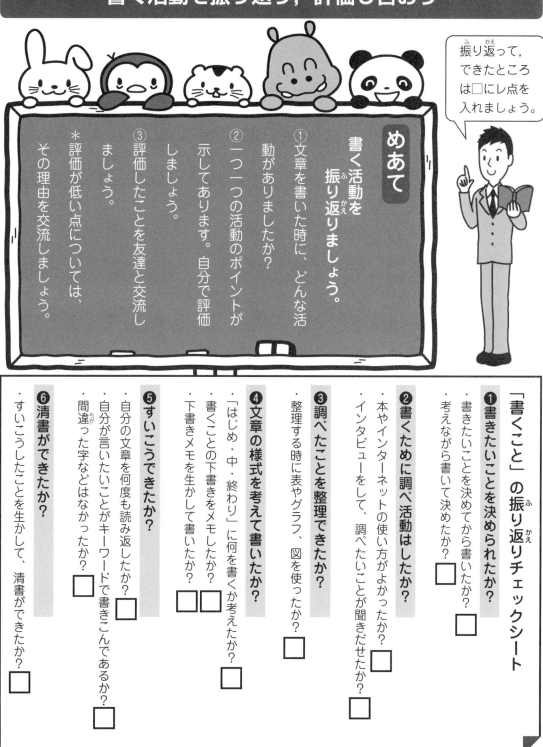

振り返って，できたところは□にレ点を入れましょう。

めあて

書く活動を振り返りましょう。

① 文章を書いた時に，どんな活動がありましたか？

② 一つ一つの活動のポイントが示してあります。自分で評価しましょう。

③ 評価したことを友達と交流しましょう。

＊評価が低い点については，その理由を交流しましょう。

「書くこと」の振り返りチェックシート

❶ 書きたいことを決められたか？
・書きたいことを決めてから書いたか？
・考えながら書いて決めたか？　□

❷ 書くために調べ活動はしたか？
・本やインターネットの使い方がよかったか？
・インタビューをして，調べたいことが聞きだせたか？　□

❸ 調べたことを整理できたか？
・整理する時に表やグラフ，図を使ったか？　□

❹ 文章の様式を考えて書いたか？
・「はじめ・中・終わり」に何を書くか考えたか？　□
・書くことの下書きをメモしたか？　□
・下書きメモを生かして書いたか？　□

❺ すいこうできたか？
・自分の文章を何度も読み返したか？
・自分が言いたいことがキーワードで書きこんであるか？
・間違った字などはなかったか？　□

❻ 清書ができたか？
・すいこうしたことを生かして，清書ができたか？　□

【執筆者一覧】（　）内はポイントシート No.

・序章

井上　一郎　　　元文部科学省教科調査官・前京都女子大学教授

・第1章

尼子　智悠　　　香川県教育センター教育研修課指導主事（3，25）

伊賀由美子　　　香川県三豊市立桑山小学校教頭（18）

金﨑　知子　　　前香川県坂出市立金山小学校教頭（22）

楢　　貴志　　　香川県直島町立直島小学校校長（16，23）

川井　文代　　　前香川県小豆島町立安田小学校校長（8）

黒川　康代　　　香川県高松市立太田南小学校教頭（10）

坂本恵常子　　　香川県高松市立屋島西小学校教諭（7）

白川恵美子　　　香川県坂出市立坂出小学校教頭（11）

陶山　美鈴　　　香川県高松市立東植田小学校校長（15）

高橋　直美　　　香川県観音寺市立豊田小学校教諭（5）

藤本　美保　　　香川県高松市立中央小学校教諭（4）

松井　理加　　　香川県さぬき市立造田小学校教頭（19）

村川　絹子　　　香川県高松市立太田小学校校長（12）

吉岡　名未　　　香川県さぬき市立長尾小学校教諭（1）

藤村　まや　　　香川大学教育学部附属高松小学校教諭（26）

加藤　知広　　　福岡県北九州市立湯川小学校主幹教諭（24）

柴﨑　賀子　　　福岡県北九州市立中井小学校教諭（14）

神明　照子　　　福岡県北九州市立日明小学校教諭（17）

田中　志奈　　　福岡県北九州市立葛原小学校教諭（13）

常田　望美　　　福岡県北九州市立門司海青小学校教諭（2）

冨田　恵里　　　福岡県北九州市立大里柳小学校教諭（21）

藤永　真良　　　福岡県北九州市立湯川小学校教諭（20）

松山トモ子　　　福岡県北九州市立清水小学校教諭（9）

吉永美佐子　　　福岡県北九州市立萩ヶ丘小学校教諭（6）

・第2章

阿賀　研介　　兵庫教育大学附属小学校教諭（10）

鵜河　良彰　　近畿大学附属小学校学年主事（15）

大石　愛弓　　兵庫県伊丹市立昆陽里小学校教諭（7，13）

岡崎　理真　　兵庫県高砂市立伊保小学校教諭（6，11，12，19）

小木曽笑子　　兵庫県伊丹市立鈴原小学校教頭（3）

加藤　理沙　　京都府京都市立御所東小学校教諭（8）

葛山　　雅　　京都府宇治市立大久保小学校教頭（22）

小石原由里子　京都府京丹後市立大宮第一小学校指導教諭（2）

進藤　弓枝　　京都府京都市立西京極小学校校長（21）

瀧本　晋作　　兵庫県尼崎市教育委員会学校 ICT 推進担当（17，20）

竹中　里佳　　大阪府四條畷市立岡部小学校教諭（18）

直嵜　宏美　　石川県金沢市立西南部小学校教諭（9）

西尾　鮎子　　神戸大学附属小学校教諭（24）

長谷川榮子　　奈良学園大学人間教育学部准教授（14）

松本　京子　　関西大学初等部教諭（16，26）

南　　理香　　兵庫県宝塚市立美座小学校教頭（1，25）

吉川　彰彦　　兵庫県宝塚市教育委員会学校教育課学校支援チーム（5）

吉田　憲一　　大阪府堺市教育センター専門指導員（23）

渡邊　眞弓　　京都府八幡市立八幡小学校校長（4）

【編著者紹介】

井上　一郎（いのうえ　いちろう）

国語教育学を基盤に教育改革を目指す教育学者。奈良教育大学助教授，神戸大学教授，文部科学省初等中等教育局教育課程課教科調査官，国立教育政策研究所教育課程研究センター研究開発部教育課程調査官・学力調査官，京都女子大学教授歴任。

〈主な著書・編著書〉（出版社：すべて明治図書，特記除く）
『語彙力の発達とその育成』2001，『くどうなおこと子どもたち』2001，『文学の授業力をつける』2002，『読書力をつける―読書活動のアイデアと実践例16―』2002，『読む力の基礎・基本―17の視点による授業作り―』2003，『伝え会う力を豊かにする自己発見学習』2003，『国語力の基礎・基本を創る―創造力育成の実践理論と展開』2004，『読解力を伸ばす授業モデル集』上・下巻，2005，『ブックウォークで子どもが変わる』2005，『誰もがつけたい説明力』2005，『読解力を伸ばす読書活動―カリキュラム作りと授業作り』2005，『調べる力を高める64のアイデアと授業』2006，エッセイ集『子ども時代』2007，『書く力の基本を定着させる授業』2007，『コンピュータを活用した国語力の育成』2008，『話す力・聞く力の基礎・基本を育てる―小学校―』上・下巻，2008，『話すこと・聞くことの基本の能力の育成―中学校―』2008，『話す力・聞く力の基礎・基本』2008，『知識・技能を活用した言語活動の展開』2009，エッセイ集『教師のプライド』東洋館出版社，2009，『言語活動例を生かした授業展開プラン』低・中・高学年編，2010，『学校図書館改造プロジェクト』2013，『記述力がめきめき伸びる！小学生の作文技術』2013，『学力がグーンとアップする！自学力育成プログラム』井上一郎，永池啓子共編，2014，『読解力を育てる！小学校国語定番教材の発問モデル』物語文編，説明文編，2015，『読書活動でアクティブに読む力を育てる！小学校国語科言語活動アイデア＆ワーク』井上一郎編，古川元視著，2015，『小学校国語科汎用的能力を高めるアクティブ・ラーニングサポートワーク』2015，『アクティブ・ラーニングをサポートする！学校図書館活用プロジェクト　掲示ポスター＆ポイントシート事典』2017，『アクティブ・ラーニングをサポートする！小学校教室掲示ポスター＆言語能力アップシート事典』2017，『短時間で効果抜群！70のアレンジを収録！小学校国語科　話すこと・聞くことのエクササイズ70』2019。

国語科教育の基礎・基本
教え方・学び方ポイントシート
2「話すこと・聞くこと」「書くこと」編

2021年1月初版第1刷刊　©編著者　井　上　一　郎
　　　　　　　　　　発行者　藤　原　光　政
　　　　　　　　　　発行所　明治図書出版株式会社
　　　　　　　　　　　　　　http://www.meijitosho.co.jp
　　　　　　　　　（企画）木山麻衣子（校正）吉田　茜
　　　　　　　　　〒114-0023　東京都北区滝野川7-46-1
　　　　　　　　　振替00160-5-151318　電話03(5907)6702
　　　　　　　　　　　　ご注文窓口　電話03(5907)6668

＊検印省略　　　　　　組版所　藤原印刷株式会社

Printed in Japan　　　　　ISBN978-4-18-337728-9
もれなくクーポンがもらえる！読者アンケートはこちらから